国家行政学院著作出版资助

State Responsiblity in Chinese Social Welfare System Transition

中国社会福利体系转型中的国家责任研究

胡薇 著

国家行政学院出版社

图书在版编目（CIP）数据

中国社会福利体系转型中的国家责任研究/胡薇著．—北京：国家行政学院出版社，2017.6

ISBN 978－7－5150－1975－8

Ⅰ.①中… Ⅱ.①胡…Ⅲ.①社会福利—研究—中国 Ⅳ.①D632. 1

中国版本图书馆 CIP 数据核字(2017)第 142019 号

书　　名 中国社会福利体系转型中的国家责任研究
作　　者 胡　薇
责任编辑 陆　夏
出版发行 国家行政学院出版社
（北京市海淀区长春桥路 6 号　100089）
(010)68920640　68929037
编 辑 部 (010)68928764
经　　销 新华书店
印　　刷 北京九州迅驰传媒文化有限公司
版　　次 2017 年 6 月北京第 1 版
印　　次 2017 年 6 月北京第 1 次印刷
开　　本 787 毫米×1092 毫米　16 开
印　　张 13.75
字　　数 192 千字
书　　号 ISBN 978－7－5150－1975－8
定　　价 42.00 元

前　言

在中国，社会政策研究多少有些边界不明的“模糊感”，与社会福利、社会保障丝缕相连，在学界和实务界也有截然不同的理解。当在学科之外谈论社会政策时，它经常比“社会保障”更需进行自我说明，但在学科之内谈论时，它却是一个更具包容性的概念，是一个远大于社会保障的政策领域，是社会建设领域中的核心政策工具，指向社会公正与可持续发展。

“社会保障”是一个比较中国化的概念，在现有国家政策体系和公众日常理解中，其指涉范围较广，包含社会保险、社会救助、慈善事业和社会福利等，其中保险是核心，而福利则被界定为针对弱势群体的“小福利”。“社会福利”是一个比较有弹性的概念，有广狭之分，广义的“大”社会福利通常大于社会保障，指的是社会的一种和谐美好状态，指涉范围基本与社会政策一致；而狭义的“小”社会福利则是属于社会保障的一个政策领域，即前面所说的针对弱势群体的福利服务。从这一意义上讲，社会政策与广义社会福利的指涉范围是一样的，尽管其核心可能是社会保障，但还包含了教育、医疗、住房、就业等政策。严格来说，本书是一项针对社会政策体系即广义社会福利政策的研究，其研究范围以社会保障为主，但不限于社会保障，所试图说明的是整体社会政策领域的问题，具有一定的普遍性。那么，本书的研究角度有何不同呢？

不同学科对同一现象的研究是有差异的。如同样是研究养老保险，社会政策的切入角度往往更具“社会性”，它倾向于关注政策的社会性效果及影响其变化的结构性变量，而对该项制度本身的资金管理、精算平衡等并不关心。从这一意义上来说，社会政策的研究范式是关注政策的“过程”及其中的社会性要素。这也是本书对社会政策研究的主要切入点，即探讨社会福利政策变迁与社会变迁的复杂关联，解释其变化的“社会原因”，探讨其背后不同福利主体特别是国家责任的变化。

改革开放以来，中国的社会福利政策体系发生了重要的变化，变化的强度乃至向度都有所不同，具有一定的政治周期性，更深受社会结构变迁的重要影响。党的十八大以来，中国的经济社会发展进入了一个新的历史时期，新常态的来临、全面建成小康社会的时代召唤以及国家治理现代化的历史机遇，都预示着社会福利体系将发生新的历史性变化，而实际上变化也正在发生，一个更具包容性、更具弹性的多元福利体系正在形成。如何理解这些变化，它是否代表中国的社会福利模式正在发生转变？何种因素影响了这种转变？它将会带来怎样的社会后果？这些疑问成为当下中国社会政策研究和政策实践不可回避的时代命题，其中“国家”的角色尤为引人瞩目。这些即是引发本研究的主要动因，也即是回应社会政策领域中最重要的现实问题——“国家责任”的转变问题。

众所周知，不同福利主体之间“责任”关系的变化是影响社会福利体系变迁的重要原因，也是判定社会福利模式的关键因素，其中国家责任的转变是核心，尤其是在中国特有的体制和文化传统之下，国家或政府的角色更是不容忽视。因此，研究中国社会福利政策变迁，最终都无法回避对国家责任变迁的探究。但“责任”恰恰是一个很难被界定的变量，它既带有“应然”的含义，也具有实践的面向，影响其变化的因素更是主客观交织，难以被精确测定。为便于分析，本书将“责任”分解为制度设计（Policy - making）、资金支持（Finance）、监督规范（Regulation）和具体实施（Delivery），将福利责任主体细分为国家（State）、市场（Market）、志愿力量（Voluntary）、个人与家庭（Household），构建了一个“社会福利责任结构”的分析框架，从而使复杂的“责任”分析与实践更加贴近。这一分析框架实际延续了我在上一本书《国家回归：社会福利责任结构的再平衡》中的分析工具，但在分析维度上有所扩展，而所分析的政策领域和获得的发现更是远远不同。

在本书中，我还对国家责任变迁背后的原因进行了理论上的归纳尝试，试图构建一个“制度—结构”的分析框架，从组织目标、组织意识形态、组织能力、组织关系、社会结构性压力和福利文化等六个方面去总结影响国家责任变迁的直接与间接原因，以此对中国社会政策的未来发展趋势做出预测性说明。需要承认的是，这一分析框架还有极大的完善空间，不仅因为这六大因素之间存在着复杂的影响关系，更在于这些因素本身很难统一归纳，它们不仅存在多重面向，更处于不断的变动之中，如组织福利意识形态和组织关系。

因此，这项研究对我来说虽具一定的连续性，却仍是一个全新的挑战。但是这一挑战却是极具魅力的，其吸引力在于它所面对的是现实问题，是值得探讨的实践问题。本书的结构大概如下。

第一、二、三章是研究的起点。第一章重点阐述研究的旨趣、切入点和基本框架，对“社会福利责任结构”和“制度—结构”的分析框架进行限定性说明，将其作为研究的核心分析工具。第二章是文献综述。第三章是中西方社会福利政策变迁的总体概述，在概述中将会约略涉及研究的一些初步发现。如对西方福利体系的变迁分析，可以使研究者析出影响西方福利改革的几个重要因素。对中国社会福利政策变迁的概述，可以使研究者发现社会福利改革的基本方向，如国家责任从“撤出”到“回归”的基本趋势等。

第四、五、六、七、八章是本书的主体部分，主要阐述国家责任转变的实践形态。第四章是对社会福利需求的分析，以实地调研结果来“以小见大”，分析“基层社会福利诉求”，将其视为影响社会福利改革的最基础动因。从调研结果中，我们将窥见当前社会福利需求的基本特点与中国独特的福利文化。第五、六、七章重点阐述“国家回归”的实践含义，即总体回归、有限回归和多层回归，逐级递进分析，丰富了国家责任转变的第一层含义——“回归”。第八章则重点分析国家责任转变的第二层含义“改革政府”，以公共服务改革中的公立医院改革及社会组织发展为例，分析在国家治理现代化的大背景下，国家从内部进行改革以适应社会形势变化的趋势，即责任细分、职能转变与合作治理。

第九、十章是全书的总结。第九章阐述国家责任转变的内涵及转变背后的制度结构性原因。第十章则分析构建中国特色的社会福利模式的基本原则及框架，并对新形势下社会政策发展的走向提出一些预测和建议。

目　录

第一章　导言

第一节　问题缘起

在世界各国社会福利体系的发展史中，“国家”一直是不容忽视的福利供给主体，无论是在传统社会救济时代还是现代社会保险时代，国家一直在社会福利体系的构建及其转型中扮演着重要的角色。从某种角度来说，国家角色的转变甚至是社会福利模式转变的决定性因素。20 世纪 40 年代以来，国家的作用受到空前的重视和肯定，一个旨在纠正市场弊端，缓和甚至是消除阶级矛盾的“福利国家”体系在资本主义国家纷纷确立。但是这种积极的国家角色在 20 世纪 70 年代受到了新自由主义的强烈抨击，国家干预被视为阻碍经济发展和削弱个人劳动积极性的原因，全球性的福利改革兴起，社会福利中的国家角色逐渐衰减。但是这场意图扭转经济颓势的福利改革并没有从根本上解决它试图解决的问题，福利国家已经成为一种不可逆转的结构，废除它与废除整个政治民主、联盟以及从根本上改变政党体系没有什么差别。

进入 21 世纪以来，随着全球化的发展和经济结构深层矛盾的不断显现，国家的作用又受到了重新地重视，如何平衡国家、市场与社会之间在福利供给上的关系成为许多国家改革的焦点。

在中国，国家或政府的作用一直深受重视，但在福利方面，中国却一直都不是一个“慷慨”的国度，其背后的原因复杂，大概与中国人的传统观念与发达的非正式支持网络有关。即便是1949年后的新中国，所建立的也是一个低水平且城乡分立的福利体系。改革开放以来，中国的社会福利体系经历了巨大的转型，计划经济时期所形成的“国家—单位”型保障体系，开始逐渐向“社会保障”型体系转变。这一改革的最初动因是为了配合经济体制改革，减轻国有企业和国家的负担，同时也是为改善传统社会福利提供模式的效果，因此“效率”“自由”和“个人责任”等成为改革的基调，而国家的责任则相对缩减，这一改革取向在20世纪90年代中期之后愈演愈烈，并带来了日益严重的社会后果。20世纪90年代后期，随着改革不断向纵深发展，一些迫切需要解决的现实问题逐渐摆在政府和社会的面前，福利的缺失和保障的低水平使得社会问题日益凸显，改革开始重新审视国家对公民社会保障基本责任的履行，由此引发大量新的社会福利政策的建立。进入21世纪新时期之后，特别是党的十六大以来，大量社会政策，特别是那些依靠财政手段和行政手段可以在较短时间内获得改善的社会政策纷纷出台，如住房政策、社会保险、扶贫政策等。一些学者甚至认为，中国正在进入“社会政策时代”。

如何理解这一阶段中国的福利改革历程？它与国际社会福利改革之间有何关系？它又具有怎样的中国特色？这些问题成为当代中国社会政策研究者的时代命题。许多研究试图用“市场化”“边缘化”“私营化”或“民营化”“社会化”“福利多元主义”或“混合福利”来概括中国的这一改革过程。它们注意到改革开放以后中国社会福利重构过程的复杂性和变动性，试图去描述、概括和解释这一现象。但正如许多研究已经意识到的，福利改革从来都不是一个单向的过程，任何普遍性的概括都可能会流于表面化和简单化，对中国这样一个正处于变革时代下的国家来说更是如此。

党的十八大以来，中国的政治、经济和社会形势都出现了一些新的历史特点。新常态的来临，使中国的福利改革面临前所未有的压力，但全面建成小康社会和国家治理现代化的历史重任却又为它带来全新的发展机遇。正如改革者屡次提到的，中国的改革正在进入一个深水区，帕累托改进的“黄金时期”似乎正在逝去，迎面而来的将是一个利益格局艰难调整的改革攻坚期，社会福利改革所面临的问题将比以往任何一个时期都复杂。因此，更恰当地理解中国社会福利改革的进程及其未来发展显得尤为迫切。尽管有关福利改革的研究和论著颇多，但它们在解释中国社会福利改革的进程方面却依然存在着一些不可回避的缺陷。

第一，依然缺乏对中国现实发展的实践关怀。不知是研究者过于脱离实践还是实践在研究者面前过于矜持，当下研究在西方理论与中国实践之间始终缺乏有效的勾联，总是试图将中国实践放入西方理论的框架之中，或以西方理论和实践引导中国福利改革的目标。这种研究取向是理论和实践脱节的典型代表，其原因一方面在于中国的社会福利研究缺乏本土理论；另一方面则是因为中国社会政策的制定和实施过程缺乏足够的透明，尤其是政策的制定，往往处于黑箱状态，导致研究者“无米下炊”，只得空谈；此外，急于求成、浮躁功利的研究环境也是重要原因。这种缺憾导致许多研究缺乏前瞻性和预测性，而多囿于对历史和对实践的解读，总是跟在问题后面做阐释性研究，缺乏理论意识。大多数研究是“问题导向”而非“目标导向”的，所以碎片化比较严重，研究的系统性、整体性和前瞻性较弱，实用主义明显。

第二，过于关注伦理性目标，而对发展的现实背景和具体路径缺少关切。如对经济、政治与福利改革之间的关系缺乏足够的分析，对中国特殊的国家体制、社会结构缺乏足够的关注，倾向于以“应然”的目标性要求替代具体的实践路径，却往往没有充分讨论现有政策环境的复杂影响及其改革的具体实践路径，所以许多研究有理想化的倾向。

总体而言，现有的研究大都关注于描述性而非分析性的层面，缺乏对中国社会福利体系重构的动态分析，对当前社会政策的“底线”定位尚未进行全方位的解释。尽管也关注到了社会福利模式的转变，但对其具体的动力机制、实现方式和发展路径缺乏深入地研究。相对静态化和缺乏前瞻性是当前研究中所存在的主要问题。

如果要从整体上对中国社会福利改革有一个较为恰当的理解，就需要寻找一个视角。在这一视角下可以贯通性地分析中国社会福利改革的变迁过程，能作时间和空间上的比较，并且可以纳入中国独特的国家体制、社会结构和文化传统等的影响。按照这一视角所构建的研究框架，能够对社会福利改革作动态和整体的分析，甚至可以用来分析每一个具体的福利改革领域。

从实践来看，中国社会福利体系的重构过程从来都不是无波动的单向进程。相反，在复杂的政治、社会、经济和文化因素的多重影响下，社会福利改革呈现出不同的历史阶段，彰显了国家、市场、社会与个人之间复杂的互动关系以及相互之间的责、权、利平衡。在从“国家—单位”式的保障体系向“社会保障性体系”转变的过程中，国家、市场、社会与个人之间的责任分配与再平衡受到了复杂的政治、经济、文化和历史因素的多重影响。由此看来，国家角色的转变及其与市场、社会和个人之间的责任平衡就成为福利改革的核心。事实上，这也是世界社会福利改革的焦点所在。

有鉴于此，本研究试图从当前社会福利改革的几个重点领域入手，借助福利多元主义等理论视角来描述并分析中国社会福利体系转型中国家责任的转变轨迹、动力机制及其实现路径。研究将从中国独特的文化与体制入手，试图构建一个可以理解并分析中国社会福利模式的理论模型，这一模型也将试图纳入以下几个重要的分析维度，即经济发展水平、政治改革目标、行政管理特点、文化传统影响、社会结构的压力。

研究将把“社会福利”置于宏观社会转型的背景之下，从实践的角度深入分析国家责任转变的具体过程，从不同的层次入手，采用关系性的视角去详析国家与其他责任主体、政府内部不同层级、不同部门之间的关系，发现中国国家福利责任转变的现实路径。必须要指出的是，尽管目的明确，但这一研究“企图”的分析路径却可能是相对模糊的，一方面在于它所需要考虑和纳入的因素似乎过于繁杂，尽管这些因素确实在实践中发挥着复杂的互动关系，且表现各有强弱，但由于相互间并无明确的相关关系，可能会导致产出的“模型”并非是一般预测意义上的模型，而仅仅是理解的一个“框架”；另一方面则是由于“实践着”

的社会福利改革尚未定型，它的变动性、流动性在最近几年甚至呈现出更加活跃的状态，这将导致所构建的“模型”呈现出一定的弹性，因而会留下许多讨论和完善的空间。

尽管如此，直面实践中的问题依然是本研究的一个基本立场。假如通过这些初步的分析能够有助于我们对中国社会福利改革所面临的问题的理解，特别是对“实践”的理解，将无疑于有助于我们澄清争议、凝聚共识，更好地推进改革向纵深发展。

第二节　研究框架

一、研究思路

按照通常的研究路径，一项研究往往是从概念和文献做起，从中建构出自己的研究框架，然后按此框架或逻辑进入实践进行分析和检验，并有所发现，最后回到研究框架加以完善并回应现有的理论。本文的研究思路也大抵如此。

第一是概念明晰，以确定研究的范围。在本研究中，最易引起歧义或讨论的是“国家责任”和“社会福利”两个概念。在前文讨论中，“社会福利”和“社会政策”曾被交替使用，然而对不同学科的研究者来说，二者的含义却有宽窄之分，可能并不能完全等同。而对“国家责任”来说，界定的重点主要在于“国家”，特别是如何区分其理论上和实践上的含义，并将其与“政府”的关系进行辨析。此外，“社会福利政策变迁”的研究内容也需进行社会学上的界定，明确本研究的重点是关注政策出现的原因，而并不关注其对劳动力市场、阶级结构等所造成的结果；关注社会福利体系与其他社会体系之间的关系，而不是孤立地将社会福利体系作为一个封闭的系统；关注国家与个人承担福利责任的大小及其与市场和社会之间的责任平衡，而非孤立地关注国家责任的变化。

第二是文献综述，以明确研究的切入角度。在这一部分中，报告将重点梳理有关社会福利转型的相关理论以及有关中国社会福利体系转型的研究。综述的重点将集中在转型的动力机制（即转型背后的原因、机制）、转型的具体路径、国家或政府责任等三个方面。其中，影响中国社会福利体系转型的具体因素将予以总结阐述，从中发现不足，并构建出本研究的基本分析框架。

通过概念明晰和研究综述，研究应对相关主题下的中外研究有一个基本的判断，从中发现自己研究的切入点。正如前文所指出的，以往研究对中国社会福利体系变迁中的“国家责任”重视不够，对国家责任的动态变化缺乏系统分析。实际上，在中国这样一个独特体制的国家中，政府或国家扮演的角色应成为社会福利研究的核心内容，而以往的研究在这方面是有缺陷的。研究国家责任的变化，需将其放在一个“关系式”的视角下进行分析，而不应将其仅仅视为是某一个或几个因素简单作用的结果。因此，本研究将国家、市场、社会和个人放置在一个统一的框架下进行观察，从相互间责任权利的平衡关系，特别是福利责任承担的关系中寻找影响国家责任变迁的结构性原因。本研究将构建一个概念性工具“社会福利责任结构”，从几大部门之间的责任关系平衡中寻求国家责任转变的规律。“社会福利责任结构”可以将不同部门间的福利责任关系纳入到一个统一的分析框架中，从而使得社会福利变迁的分析更加清晰。

但是“社会福利责任结构”只能告诉我们福利变迁的动力机制，即社会福利责任结构的失衡，而失衡的深层次原因，即何种因素导致了这种失衡以及重新平衡的动力机制仍然需要一个更为广泛的分析框架才可以明晰。因此，研究需要构建一个分析国家责任转变的框架，将政治、经济、文化和社会等各种因素纳入，从而发现福利角色变化的深层次原因。一个更具包容性的“制度—结构”性分析框架将有助于我们分析影响国家责任转变的制度和结构性变量。这一分析框架将政治、经济、社会、文化等要素分为两大部分，一部分通过政府的内化发挥作用，另一部分则从外部作用于政府。在前者中，组织结构、组织目标、组织能力和组织文化是影响政府角色的主要变量；在后者中，社会的福利需求、福利文化等共同组成社会的结构性压力对政府的福利行为发挥作用。

之后，具体的分析将首先从社会福利政策的总体变迁展开，通过回顾从传统社会一直到现在社会的政策变迁，对社会政策的变迁轨迹有一个基本的概括。研究将会发现，总体而言，与改革初期相比，国家在社会福利体系中的角色正在变得越来越积极。如果说改革开放初期，国家在社会福利改革中的主要倾向是撤退的话，那么进入21世纪新时期之后，国家正在日益回归，承担其本应承担的责任。但是回归的程度和范围在不同领域是有差别的，而回归的最终后果目前还充满了变动，国家是变得更加强势还是更富有灵活性依然是一个开放性的主题。在此基础上，研究将重点挑选当前社会政策改革的几个重点领域，对国家责任的转变进行分析，包括社会保障改革、公立医院改革、政府购买公共服务以及社会组织管理改革等。

总体而言，整个研究报告的主要研究内容包括：

一是社会福利模式及其转型的理论研究，包括社会福利模式、福利意识形态、福利责任等福利理论特别是国家在社会福利中责任的相关研究，这些可能会涉及国家治理、公民社会和公共服务管理的相关理论。

二是社会福利改革的实践经验总结，特别是最近几年各地有关社会福利改革的经验总结。

三是国家责任转变过程的实践分析。包括国家福利责任的内涵；国家责任转变的动力机制；国家责任与个人责任、社会责任之间的关系；国家责任实现的现实保障等。

四是有中国特色的社会福利模式研究。

二、研究框架

（一）概念限定

1. 社会福利

在本研究中，社会福利取广义概念，与社会政策指涉范围一致，指的是国家和社会为满足社会成员物质和精神生活需要而提供的一切资源保障与服务支持。其外延包括社会保险、社会救济、慈善互助、社会福利（小福利）、优抚安置、医疗、就业、教育、住房、人口等政策。在现实生活中，往往等同于我们的民生事业。

有关社会福利的概念在中西方、学界与实务界之间有着不同的理解，其主要争议在于外延的大小之分。从学术研究和实践发展来看，本研究取社会福利的“广义”概念，关于概念的详细辨析可参见“文献综述”一章。在本文中，如无特别说明，社会福利与社会政策指涉范围一致。

2. 国家责任

在本研究中，国家责任在实践中主要表现为国家职能，而具体体现为政府责任或政府职能，它有“应然”和“实然”两层含义，其强度与适宜度应与“国家能力”相匹配。在社会福利改革中，国家责任的具体内容包括制度设计、资金支持、监督规范和具体实施。国家可以在这几项责任中都扮演主导角色，也可以在某些内容上与其他福利主体合作。通常，制度设计中，国家往往扮演主导角色，甚至是唯一角色。研究在分析福利改革过程中的国家责任变化时，通常以“政府责任”为可操作化的分析对象，但在评价其适宜度时则往往会加入“应然”的角度，因此又会高于“政府责任”的层面。有关国家责任内涵及其与其他相关概念之间的复杂关系可参见“文献综述”一章。

（二）研究框架：福利多元主义的启示

“福利多元主义”或“混合福利经济”（Mixed Economy of Welfare）是最近几年研究中国社会福利改革的重要视角之一，尽管其产生较晚，但其思想却早已孕育在福利理论与实践当中。从历史角度来看，任何国家的福利结构都是多元化的，只不过在不同国家、不同历史时期呈现出不同的组合方式而已。“福利多元主义”尤为关注社会福利责任的分配，认为由于市场失灵、国家失灵与志愿失灵的存在，福利责任可以由公、私两大领域中的四个部门——政府、志愿组织、商业组织和非正式组织共同承担，并指出福利的多元化并不必因政府的缩减而自然达致。福利多元主义将国家的角色置于一个多元化而非简单二元化的结构当中，对理解中国的社会福利改革具有重要的启示意义，许多学者也认为中国的福利改革具有多元主义的特征。

福利多元主义还认为，不同责任主体所承担的福利责任可以在服务提供、资金筹集和制度约束等三个不同的方面展开，因而不同责任主体的福利角色具有类型和程度上的差别。从这一角度而言，社会福利责任的承担可以呈现出更加复杂的构成方式，政府、志愿组织、商业组织、个人和家庭等非正式组织可以在不同福利领域内承担各不相同的、程度有别的社会福利责任，从而扮演不同的角色。

福利多元主义是 20 世纪 70 年代至 80 年代西方福利危机下的产物，源于 1978 年沃尔芬顿报告（Wolfenden Report）——《志愿组织的未来》。它的核心思想是强调福利的多元供给，其实践形态则往往表现为私营化（Privatization）和地方分权化（Decentralization）。福利多元主义在 20 世纪末的福利改革中成为许多国家尤其是英国和美国的主流改革思想，影响了当时福利改革的许多重要举措。

近几年，福利多元主义在中国也日渐为学界所热议，从实践形态上看，它与“社会福利社会化”共享某些特征，如市场化、福利责任地方化等。但多元主义并非完全等同于社会化，它更加强调多元力量的动态平衡，强调不同责任主体在不同责任类型上的优势互补，而非是单向的从国家垄断走向社会主导。因此，中国的社会福利社会化的早期表现是市场化，而福利多元主义的内涵则远远超出了市场化。

中国社会福利改革的过程也是一个从国家一元主导的国家型福利向寻求国家、社会、市场和个人多元共担的社会型福利过渡的过程，与福利多元主义所倡导的思想是一致的。受此启发，本文构建了一个以福利多元承担为核心的分析框架——社会福利责任结构（如表 1.1）[1]，试图以此来分析改革开放以来中国社会

① “社会福利责任结构”的概念在作者已发表的论著《国家回归：社会福利责任的再平衡》中已有论述，但本文在此基础上将概念的内涵做了进一步拓展。

福利重构的过程，并展望未来社会福利改革的基本方向。

表 1.1　社会福利责任结构

	制度设计 Policy-making	资金支持 Finance	服务传递 Delivery	管理规范 Regulation
国家（State）				
市场（Market）				
志愿力量（Voluntary）				
个人/家庭（Household）				

社会福利责任结构指在某一时期，一个国家或地区由于不同福利主体所承担的福利责任的多少和类型不同而形成的责任结构，是不同福利主体之间责任的有机结合。社会福利责任结构可以从两个层面来理解：第一个层面是“供给结构”，是由不同福利主体提供福利多少的差别而形成的。这一层面的结构是经常被学者讨论也比较容易理解的责任构成，实践中所说的国家垄断式、社会主导式、多元均衡式社会福利等，往往是从“量”的供给上来说的；第二个层面是“实施结构”，与供给结构关注责任“量”的多少不同，它更关注不同福利部门所承担的责任类型，即更加关注“质”的构成，实践中如政府出资、市场和非营利组织提供、政府监管的福利责任结构，或个人出资、市场提供、市场监管的福利责任结构，指的就是不同福利主体之间的责任组合。

20 世纪 90 年代以来，治理理论及其理念开始影响世界范围内的福利改革，它所强调的多元合作、多中心治理、民主协商等理念也越来越为政策研究者和制定者们所接收，有学者将之称为福利治理。在中国，治理理念实际早已有之，但是自党的十八届三中全会提出创新社会治理体制之后，国家治理、政府治理、社会治理等研究和讨论开始更为广泛地在社会普及，从政策层面到实践层面都在探讨如何建立更加现代化的治理结构。社会福利属于社会建设事业中的重要组成部分，社会福利改革过程中的多元参与、协同治理也成为近段时期社会各界的关注热点。从这一意义上说，社会福利责任结构对分析当前社会福利改革中的一些重要转向，特别是各地的一些先进经验将具有重要的工具性意义。

“社会福利责任结构”在描述福利模式现状时可以详细展现福利责任的具体分配情况，在发现福利供给不足时，也可具体分析何种主体在何种福利责任上的缺失，但是在解释为何缺失，即福利模式变迁的具体动因上缺乏分析能力。如仅仅通过社会福利责任结构，我们无法得知到底是何种因素导致国家福利责任的变化。因此，我们还需要一个进一步的分析框架来展现影响福利责任变动的具体因素。由于本文重点关注国家的责任变迁，因此这一框架将主要围绕国家而展开。图 1.1 所示，国家的福利行为或者说福利责任的变化可能会受到以下几种因素的影响：

第一是政府内部因素，这是国家责任转变的直接动力。从理论上来说，政府的组织目标、组织意识形态、组织能力、组织内部结构等都会影响政府行为。具体到社会福利改革，组织的福利意识形态，指的是更强调集体主义还是个人主义，如对国家福利责任程度和范围的认识、对社会组织的认识和态度等；组织的目标，即在经济目标、社会目标和政治目标之间的排序，它将受到当时社会形势的重要影响；组织的能力如行政能力、财政实力和组织的内部结构即部门和央地之间的权责关系等都会影响到对福利制度的设计和投入。

第二是来自政府外部的社会因素，这是影响国家行为转变的间接因素，但却是根本因素，它往往通过内部因素，如组织目标和组织意识形态发挥作用。这些外部因素包括公众的福利需求、社会整体福利意识形态、对福利权利和义务的认识；还包括公众的福利意识形态和学界占主流的福利意识形态；阶层力量对比，如不同利益群体的利益平衡，社会阶层力量的变化等；经济发展形势以及更为复杂的社会结构性压力等。

图 1.1 是“制度—结构”分析框架的示意图，由于社会结构性压力在实践中的表现形势非常复杂，如经济结构与社会结构之间不匹配等，因此并未在图中明示。在“制度—结构”分析框架中，外部因素通常会影响福利改革的基本走向，即会影响国家福利责任的基本走向，如收缩或扩大，但具体的作用方式即国家责任到底在何种层面上进行收缩和扩大，则主要会受到政府内部因素的影响。

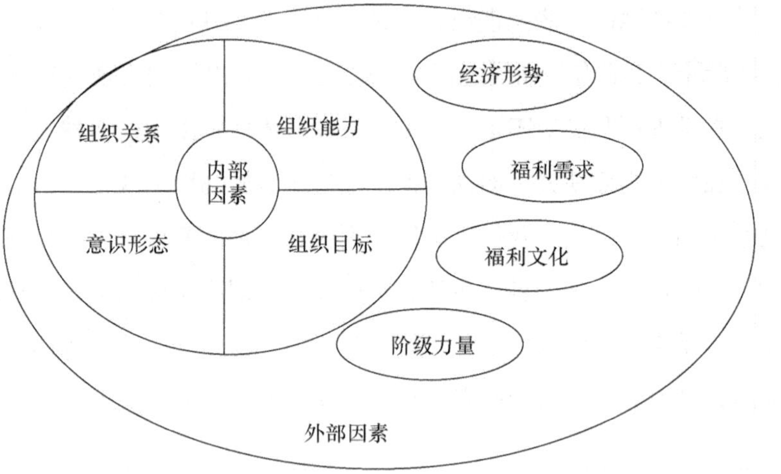

图 1.1 国家责任转变的“制度—结构”分析框架

（三）研究对象

有关社会福利政策的研究内容，有学者认为应至少涉及三方面内容：社会政策所包含的目的、获得财政支持的渠道以及实现目标的程度；社会政策是如何发展、管理和运作的；某项政策存在或不存在的原因是什么。也可以沿着三个维度展开：一是社会变迁的进程造成了个人或家庭的收入、工作和生活地点的变迁，形成了特殊的与劳动力市场相关的问题，而这些问题必须由政府来解决；二是作为政治权力制度化的结果而导致的社会权力结构的演变；三是政府机构和官员对于市场力量不断强化的控制力和干预能力。林卡等人则认为，社会政策研究应该要解释社会福利体系与社会系统所具有的特性及其变迁的联系；解释社会各主体所应承担的福利责任大小；解释国家干预、意识形态和官僚态度等影响社会政策制定和发展导向的因素。

本文的研究角度与林卡所分析的研究内容较为相似，即关注中国社会福利体系与整体社会变迁的复杂关联，解释社会福利变迁的“社会原因”，探讨其背后的不同福利主体特别是国家责任的变化，同时解释国家责任变化背后的原因。这一研究角度决定了政策的分析领域无法是单一的，因为单一的政策领域可能无法完整呈现出社会福利政策变迁的多重内容。但分析的主体部分却也不可能是过于分散的，有点有面、突出重点将更加有助于说明问题。在本研究中，重点的分析内容将集中在“社会保障”或者更确切地说是社会保险上，这不仅因为社会保障是整个社会福利体系的核心，占有极其重要的位置，也是因为社会保险的制度化程度更强，整合性更强，对政治经济形势变化更加敏感。当然，社会福利政策的各个领域都在发生着重要的变化，特别是随着国家治理体系和治理能力现代化的推进，国家职能的转变已渗透至社会各个领域。因此，研究也将会使用其他福利领域的案例来说明问题，如医药卫生体制改革、社会组织发展和购买服务等。

第二章　文献综述

第一节　国家责任

一、国家

通俗意义上的“国家”是一个广义的社会概念，包含地域、人口、资源、文化等各个方面，与此相对应的英文词汇如 Country 和 Nation，前者凸显疆域性，后者凸显民族性。专业意义上的“国家”更多地是一个政治概念，即政治组织，主权是它的本质特征，与此概念相对应的通常是 State。国家理论研究中经常使用的是 State，即政治组织的概念。传统政治学认为国家是由人口、领土和主权三要素构成的，但后来的许多研究则加入了更多的诸如合法性、分离化、强制性等特征。戴森曾经在《西欧的国家传统》中区分了三种不同的国家概念：强权国家、法律国家和合法性国家概念。其中，合法性国家概念着眼于国家的各种社会职能以及由此而获得的国家及其行为的合法性。在这一意义上，国家是基于其人民授权的具有合法性的一种政治组织，是人民订立契约的结果，因此国家是工具而非目的，这一点成为国家履行其责任的重要论据。在马克思看来，国家则是社会发展到一定阶段之后，为了解决社会所无法解决的矛盾而产生的一种“自居于社会之上并且日益同社会脱离的力量”①，国家的作用也是为了解决社会自己无法解决的问题，即一些公共事务。因此，尽管有关国家起源有诸种不同的说法，诸如暴力说、自然说、契约说等，但国家的作用通常都是要完成个体在自然状态下所无法完成的任务，只是不同的流派对国家之于社会、个人的关系状态有不同的理解而已。

尽管国家与政府在实践中往往被交替使用，但二者还是有着重要区别的。与国家不同，政府通常是“管理与行使国家主权的机关”，尽管人们只有在其政府的形式中才能想象国家，但政府与国家的权力层次是不同的，政府只是国家授权行使管理权限的政治组织。因此国家是更高于政府的一个权力机构，而政府只是行使国家代理权的组织。

在卢梭看来，国家和政府是有明确区别的两个政治组织，国家的职能主要是确定公共利益，即立法，而政府的职能则仅是行政管理，即执行法律，立法的权力高于执法的权力，而后者则是被授权的组织。尽管国家的作用通常借由政府来表现，但政府的行为与国家并非是完全一致的。实践中的政府组织通常会被阶级和利益集团所左右，有时其本身也会产生一种自我利益，因此它并非能完全代表国家。现代意义上的国家通常包括立法、司法和行政三个部分，而政府严格意义上仅指国家的行政机关，因此严格来说国家是大于政府的概念。但是在实践运用中，政府通常在广义上被使用，因此往往出现“国家 = 政府”的情况。而对普通民众来说，当他们对国家产生利益诉求时，往往也是将目光放到政府的身上。在本研究中，我并未刻意区分国家和政府在福利体系中的责任角色，因为国家责任和国家角色通常是通过政府责任和政府角色来表现的，只不过前者更具有“应然”的特性，而后者更具有“实然”的特征而已。

① 马克思、恩格斯：《马克思恩格斯选集（第4卷）》，人民出版社1995年版，第170页。

二、国家责任

（一）国家责任

责任指的是一种职责和义务，有“分内应做”的含义。国家责任与国家起源密切相关，是国家存在的理由，也是国家职能中最为基本和核心的部分。国家责任在实践中通常表现为国家职能，但是责任含有“应该”等道义或法律上的含义，而职能是一种实践表现。

国家责任有最底线和基础的要求，但由于制度、文化和社会结构的影响，一个责任范围比较广的国家也较为常见。20 世纪以来，国家实际的作用范围越来越大，特别是随着福利国家的建立，政府的活动范围和深度都比以往有所扩大。最小国家或政府的观点认为，国家仅仅具有政治责任，如提供安全和主持正义，但越来越多人认为，国家还具有社会和经济责任，应该积极干预经济且维持并促进社会福利。认为国家仅具有政治功能的观点以自由主义为代表，而认为国家既有政治功能也有经济功能的观点则以国家干预主义为代表。20 世纪以来，越来越多的学者开始试图归纳这些新出现的国家职能，即改善福利、维持发展、提供服务等。罗素将其归纳为消极与积极两种职能，而马克思主义则将其归纳为政治统治职能和社会公共管理的职能，并且认为随着社会的发展，国家政治管理的职能将会萎缩，而社会公共事务职能则会扩大。“社会职能将失去其政治性质，而变为维护社会利益简单的管理职能。”①

一般来讲，国家的责任可以被划分为政治、经济和文化三个方面。政治责任通常提供内、外部安全，前者指的是保护公民的生命财产安全，镇压反对国家意志的反抗等；后者通常指的是防御敌对国家的攻击。经济责任包括规范、调节和引导经济的发展，通过社会福利政策对国民收入进行再分配，保护和维护有利于

---

① 马克思、恩格斯：《马克思恩格斯选集（第 2 卷）》，人民出版社 1995 年版，第 554 页。

经济运行的财产结构等。文化责任则指的是国家运用思想和文化的手段塑造并影响人民的价值观念，以使他们认可现存的政治和社会秩序从而自愿地服从国家的控制和管理。这三种责任在实践中通常围绕两个基本的主题：一是增加资本积累、促进经济增长；二是维护社会秩序、保护公民的福利和权利，即扩大的合法化职能。一些学者认为，在资本主义国家，累积与合法化之间存在着深刻的矛盾，一方面国家为了维护自身的合法性和现存秩序，需要通过再分配消除市场所带来的不平等和贫困；另一方面却又必须维护市场的不平等性和激励机制，从而产生一种不可调和的矛盾，并最终使资本主义国家陷入危机。马克思曾指出，国家的社会职能是由来已久的，具有历史承继性，不会因为国家的更替而消失。社会职能还是政治职能实现的基础和前提，但是这种职能却往往因为统治阶级追求自身利益而被异化。从以上观点我们不难看出，“社会福利”隶属于国家的经济责任或社会职能，是与政治和经济职能相区别的，由来已久且日益重要。

政府责任通常是国家责任的体现，它没有与国家责任不一致的责任内容，但却可能产生与国家不一致的利益诉求，即作用表现。因此，当我们在讨论政府责任时，通常也是与国家责任一致的，国家责任往往在实践中表现为政府所承担的责任。可以说，政府责任来源于国家责任，国家责任表现为政府责任。

（二）国家责任与国家能力

责任的履行需要一定的能力，能力与责任相匹配，责任的履行就会有好的效果。国家责任是有弹性伸缩的，有些责任是底线基础性的，必须要履行，而有些则是扩大了的、可有可无的，其履行往往要视情况而定。无法履行基本的底线责任，国家或政府往往被视为无能；而无视能力大小，试图过度扩大国家或政府的职能范围则有可能导致政府管理的失效。有学者将国家能力界定为“国家实现自己意志的能力”，认为其内容包括汲取能力、调控能力、合法化能力和强制能力等四个方面，但李强则指出这一定义下的国家能力其实是国家权力。较有说服力的定义是将国家能力界定为国家制定并实施政策和执法的能力，认为高能力的标准是透明、干净的。

格林德尔在《获得好政府》中曾指出20世纪90年代世界各国政府管理所面临的两难困境：一方面是政府过多地干预即“太多的国家”，表现为政府过多的强行干预与集权化的政治控制，其结果是导致停滞不前、效率低下的经济与政治体制；另一方面却是政府的低能即“太少的国家”，表现为庞大臃肿、奉行强行干预的公共部门在规划和实际的政策执行中表现得无能为力。在这里，“多”和“少”并非针对国家的责任范围，而指的是政府的履职能力，不论是“多”还是“少”，都是政府能力与其责任不匹配的表现。格林德尔认为政府的能力建设应该从人员开发、组织强化与制度建设三个方面展开。1997年世界银行报告指出应使政府的作用与其能力更好地适应，并指出高能力的标准是透明、干净、有效的。国家职能的范围可小可大，最小的是诸如提供公共产品、国防和保护财产等必要的职能，最大的诸如协调私人领域、实行财富再分配等积极的职能。

福山也指出国家活动的范围（这里指国家职能）和国家权力（这里指国家能力或制度能力）的强度是有区别的，前者指的是政府所承担的各种职能和追求的目标，后者指的是国家制定并实施政策和执法的能力特别是干净、透明的执法能力。国家能力在不同的国家职能上差异很大，他将范围和强度合并成一个图，划分出四个不同的作用象限。经济学家通常认为第一象限是最佳位置，因为国家干预小但制度有效性高，而第四象限则是最糟糕的位置，国家干预范围大但制度有效性却低。而至于第二象限和第三象限孰优孰劣则很难确定，但可以确定的是，国家能力是重于国家职能的。

（三）国家责任与国家权力

责任与权力是相连的，责任的履行需要权力作为基础，责任范围的变化也受到权力范围和强度的影响，“责大权小”或“权大责小”都是不对称的国家责任与权力。国家权力在实践中也是通过国家职能来表现的，它与责任是国家职能的一体两面。

马克斯·韦伯将权力界定为“行动者在一个社会关系中，可以排除抗拒以贯彻其意志的机会，而不论这种机会的基础是什么”。迈可·曼区分了两个层面的国家权力。其一是国家的专制权力（Despotic Power），即国家精英可以在不必与市民社会各集团进行例行化、制度化讨价还价的前提下自行行动的范围。其二是国家的基础性权力（Infrastructural Power），即国家能力。它指的是国家事实上渗透市民社会，在其统治的领域内有效贯彻其政治决策的能力。前者实际上是国家的自主性问题，而后者则是前面我们曾讨论过的国家能力的问题。

三、国家福利责任

（一）国家福利责任

福利责任是国家责任的一种，它指的是国家对其公民的社会福利所负有的保障责任，属于国家经济职能和社会职能，是国家合法性的重要基础。国家是社会福利体系中的重要责任主体，不管在哪个国家、哪个历史时期，国家或政府责任都是福利制度安排的核心，只是责任的范围和程度存在着一定的变化。

国家福利责任具有变动性。最基本的国家福利责任是保证公民基本生活的责任，因此，救济和救灾是任何一个国家都必须要履行的福利责任，该类责任通常具有“底线”的特征。在此之上，国家福利责任的范围则受到经济发展水平、阶级动员、利益群体博弈和意识形态转变的复杂影响，但一般会涉及教育、医疗、就业、住房、社会保险、社会救助、社会服务等，只是强度有所差异。有学者认为政府为维护底线公平，需要提供底线公共服务，即社会保障制度、义务教育制度、公共卫生和医疗救助制度等。从西方资本主义国家的福利发展史来看，福利责任的变化并不是直线式的。在传统社会，国家是守夜人的角色，不干涉个人自由，公民的福利通常由个人、宗教组织、协会组织负责，国家仅仅处理那些无法通过个人和社会力量获得保障的人群。随着资本主义的发展，工业革命带来的问题逐渐被放大，失业、贫困、伤残、疾病等问题凸显，从维护资本主义经济顺畅运行的角度出发，国家开始不得不颁布法令，以更系统、规律和常态化的方式来应对民众的福利需求。第二次世界大战之后，国家的作用被空前凸显，通过经济危机和“二战”的检验，国家作用积极的一面被凸显出来，许多人开始思考自由放任政策是否是绝对正确的。20 世纪 40 年代至 70 年代是福利国家的形成和发展的鼎盛期，在这一时期，国家干预主义盛行，一些主要的资本主义国家都扩大了政府保障和干预的范围，但是进入 20 世纪 70 年代之后，在经济危机、全球化和新自由主义等因素的影响下。国家干预主义开始失去吸引力，以英美为代表的资本主义国家开始了以开源、节流和民营化式的福利改革，政府保障和干预的范围开始缩减，水平开始降低，而私人部门如非营利组织、市场和个人的责任开始被凸显。进入 21 世纪后，越来越多的国家发现福利范围的单纯缩减并未从根本上解决问题，因此重新重视国家的作用，寻求更为灵活的福利提供模式成为各国改革的重点。

国家福利责任的内容具有稳定性，但强度往往随着历史条件的变化而调整。福利责任的基本内容包括立法和制度设计、财政支持、监督和实施。英国学者格兰德和罗宾逊在讨论民营化时，曾指出民营化可以在服务提供、资金支持和制度约束等三个方面展开，实际上指出了福利责任的三种类型，即谁出钱、谁来办和谁来管，其中“管”的内容包含了制度设计以及具体管理行为的实施。在任何社会的任何历史时期，福利责任都不完全是由国家独立承担的，家庭、社区、志愿组织、市场组织等都不同程度地参与进来，但作为现代社会福利体系，国家的存在是必须甚至是主要的。但是随着福利多元主义、治理理论的兴起，越来越多的国家开始寻求公立与私立部门之间的合作，通过委托、合同外包、资助等方式与其他部门展开合作，丰富了社会福利的供给方式。

国家的福利责任通常在实践中体现为政府责任，因为国家的责任主体是通过政府来具体化的，因此“国家福利”也可以用“政府福利”的概念来替代。国家或者说政府是福利责任体系中的重要主体，占据主导地位，这不仅因为福利责任是政府合法性的重要基础，也在于政府拥有财政资源和行政强制力，可以保证福利的实施。按照政府作用的大小，可以将福利供给体系划分为政府包办、政府主导和政府不干预型，其划分的主要标准在于考察政府是否主动参与、是否承担直接的管理责任以及政府参与的程度。

（二）国家福利责任的理论基础

国家责任以及国家福利责任由于带有“应然”的含义，其内容和强度的变化往往受到意识形态的重要影响，包括直接影响政府决策的主流意识形态和内化于民族血液的传统福利文化。

从世界来看，政府社会福利责任的范式经过了从工业主义到公民权利的演变，社会需要理论是对公民权利范式的补充。

“工业主义逻辑”认为福利国家是现代社会工业化的结果，社会风险的增加，家庭、社区功能的衰弱，使国家建立福利制度成为必然。该理论认为，当面对城市化和工业化的时候，所有的国家都会产生出相应的公共政策来帮助人民应对随之产生的社会经济混乱，根据这一逻辑，经济发展和工业化进程，会使不同文化和政治传统的国家都采取类似发展福利国家的战略。它的典型代表人物是Wilensky。有关工业主义逻辑的批评主要集中于两点：一是它对福利国家线性发展和趋同性的认识，实际上并不能解释多样化的福利国家发展实践；二是经济决定论的倾向。在工业主义逻辑的视角下，国家举办社会福利只是为经济服务的，而且通常是在家庭和社区等无法发挥作用时才出现的，因此国家福利只是一种补充，是剩余的、拾遗补阙的，而国家的福利责任也是相对消极的。

公民权利（或公民资格）理论是现代社会福利体系的重要理论基础，它由T. H·马歇尔于1950年提出。公民权利理论认为国家推行社会福利制度不是恩赐，而是公民应当享有的社会权利。公民权利经历了民权、政治权和社会权三个发展阶段，三者之间存在着内在的演进逻辑，社会权是公民权演进的最高峰。最早发展的是民权，早期资本主义的发展要求去掉身份的束缚，使个体能够成为自主的能动者且自由流动，因此公民权的发展成为必然。民权是政治权的基础，当个人在经济上获得一定地位时，必然要求在政治上得到与其经济地位相应的权利，而社会权的发展又以前两者为基础。社会权的特征首先是普遍、平等、无差异的，它本身所做的就是消除阶级差别的工作；其次是绝对的，它较少强调义务，没有附加过多的尤其是道德上的条件；最后，它是最佳水平的、民族学的、非绝对平等的。在公民权利理论之下，国家的作用是积极干预式的、制度化的，有别于工业主义逻辑下的补缺式。

社会需要理论是对公民权利理论的再补充，公民在何种情况下、接受何种社会福利是由其需要所决定的，因此社会需要成为与社会权利的实现相关的一个概念。社会需要最经典的研究者莫过于马克思，在《哥达纲领批判》中他指出社会产品在分配给劳动者时，应进行必要的扣除，其中包括用以满足共同需要的部分和为丧失劳动能力的人设定的基金，这部分价值实际上就是社会福利资金，而他关于再分配的理论实际蕴含了现代社会福利体系产生的基础。社会需要理论对国家福利责任的意义在于，它认为不同的需要是由不同的福利制度安排所满足的，其中社会成员的基本需要应由国家来满足。而关于需要的种类则有各种不同的界定方式，如马斯洛的需要五层次理论，古比的个人需要、中介需要和终极需要，高夫的基本需要和中介需要，联合国界定的基本需要和非基本需要等。与工业主义逻辑和公民权利理论不同的是，社会需要理论更加积极主动，公民的社会需要成了决定社会福利供给的最主要的变量，它使得社会福利更多地具有了平等和参与的特征。

在现代福利国家的发展进程中，还有几个重要的理论不可回避。它们所蕴含的福利思想，特别是有关国家角色和福利责任的观点深刻影响了当时世界福利改革的历史走向，即大萧条时期的“凯恩斯主义”、“二战”后贝弗里奇的“福利国家思想”、20 世纪 70 年代异军突起的“新自由主义”以及 20 世纪 70 年代末产生的“福利多元主义”。

凯恩斯主义的核心是对“国家干预”的推崇，它主张通过国家的积极干预和有效需求的管理来实现充分就业和经济增长，其中关于有效需求的理论成为当时美国社会保障体系建立的重要理论基础，主张通过国家投资公共工程、举办救济和福利、调节收入分配，从而增加社会需求。凯恩斯对国家责任的论述主要是针对经济的，但其思想却极大地影响了当时美国乃至世界各国福利体系的建立。

1942 年，以贝弗里奇为代表的英国社会保险和相关服务部际协调委员会出版了《社会保险和相关服务报告》，即《贝弗里奇报告》，直接推动了英国福利体系的建立并成为现代福利国家的基本理论基石。报告集中体现了贝弗里奇的福利思想，可谓是凯恩斯国家干预主义的实践版，它主张国家应为公民提供全面的社会保障，但社会保障应只能确保公民的基本生活需要。国家保障应该由国家和个人共同承担，不扼杀和替代个人在社会保障中的责任。1944 年，英国政府在报告的指引下发布社会保险白皮书，制定了一套堪称“从摇篮到坟墓”的全民保障体系。贝弗里奇报告对国家的福利责任做了前所未有的肯定，但同时也对国家与个人的合作予以强调。

20 世纪 30 年代产生的“新自由主义”直到 70 年代末的经济危机才迎来了发展的黄金期，其重要标志是英国撒切尔夫人执政和美国里根总统的上台。“新自由主义”与“古典自由主义”一脉相承，主张自由市场可以获得最大的效率并创造最高的价值，因此，反对国家干预，反映在福利政策上就是主张福利缩减和私营化。因此新自由主义并不认同国家建立全面的社会福利，认为其会造成个人对政府的依赖和经济发展的低效率，主张个人应为自己负责，主张以工作替代福利。新自由主义的兴盛期恰逢中国改革开放，也符合当时中国强烈希望发展市场、提高生产效率的时代期望，因此不可避免地影响了当时中国的福利改革。

福利多元主义在前面已有所提及，其核心观点是福利责任应是多元化的，福利可以由国家、家庭、市场和志愿组织等多种主体共同承担，强调社会福利的地方分权化与私营化，本质是主张国家福利责任的缩减。有关论述在前面已有所提及，这里不再赘述。

第二节 社会福利体系转型

一、社会福利

对于社会福利的理解，即使是学术观点也有大小即广义和狭义的区别。在中国的实践中，社会福利经常被理解为两个重要内容：第一，职业福利，即工资以外的物质待遇，包括现金、实物和服务；第二，针对社会弱者所提供的服务，如“福利院”这个称呼。实践中对社会福利的这种定义是狭义的“小福利”，即福利是针对部分人的，而不是针对全部社会公民的。

“小福利”的理解也反映在官方政策之中。在中国官方文件和政策体系中，福利往往被视作整个社会保障体系中的一部分。如党的十四届三中全会《中共中央关于建立社会主义市场经济体制若干问题的决定》中将社会保障界定为社会主义市场经济的五大支柱之一，规定社会保障包括社会保险、社会救济、社会福利、优抚安置和社会互助。其中“社会福利”仅指针对社会弱者所提供的福利服务。

因此，在中国政策体系中，社会保障通常被视为一个高于社会福利的政策体系，而社会福利则仅指针对社会弱者所提供的服务，这与中国传统社会保障体系的模式有关，由于大多数人都在单位就业，因此单位成为社会保障的重要提供者，仅有很少一部分人需要由国家来直接提供帮助。

但在许多学者看来，“社会福利”却是大于“社会保障”的一个概念，在这种视域下的社会福利通常是广义的“大福利”概念。“福利”的英文释义为 Welfare，即“Well” + “Fare”，意指一种美好的生活状态。它不仅包含物质上的满足，也包括精神上的愉悦，是一种兼顾主观与客观的状态。因此社会福利是比社会保障范围更广的概念，它与我们今天所讲的“民生事业”最为贴近。而社会保障，即“Social Security”在西方政策体系中意指社会安全，是防止困境或摆脱困境之意，通常指的是社会保险性质的制度。

综上所述，社会福利有广义与狭义之别，社会保障和社会福利之间的关系也存在着中西方的理解差异。狭义的社会福利（部分福利）指仅针对某一部分人，或者针对某一类服务而制定的政策。在中国，狭义的社会福利通常被涵盖在社会保障当中。广义的社会福利（全部福利）则指的是国家和社会为满足社会成员物质和精神生活需要而提供的一切资源保障与服务支持。因此，这一意义上的社会福利是比社会保障更大范围的概念，除了社会保障，还包括教育、医疗、住房等其他与民生密切相关的社会政策。随着社会的发展，中国对社会福利的理解也在不断地扩大，正在日益向“大福利”发展。

二、社会福利模式

福利体制与福利模式、福利类型的提法并未有本质的区别，通常指的是按照某一标准对一个国家或社会的福利体系所进行的类型学划分。福利体制被认为是由三个元素组成，即政府、家庭和市场。这三者之间的相互组合或者说相互连接可以导致防范社会风险与保障生活水平的福利结果以及社会分层效应。在这一理解下，社会福利的供给主体被认为是政府、家庭和市场，这与罗斯最早对福利多元主义的阐释是相似的，也是福利三角理论的主要观点，但是随着社会和认识的不断发展，志愿力量即第三部门日益凸显，福利越来越被认为是由政府、家庭、市场和社会四者共同提供的。因此，今天福利模式的划分往往需同时考虑四个部门之间的责任关系。

最早对福利模式进行划分的是威伦斯基（Wilensky，H. L.）与李宾士（Lebeaux，C. N.），他们在1956年的《工业社会与社会福利》一书中，将社会福利模式划分为补缺式和制度式两种形式，前者指在家庭和市场机制之外，国家为那些无法自助者提供暂时的救济性帮助；后者指的是一种制度化的常态制度，国家为所有公民提供社会福利。英国社会政策学教授蒂特马斯则在此基础上将福利模式划分为剩余式（The Residual Welfare Model）、工业成就式（The Industrial Achievement－Performance Model）和普惠式（The Institutional Redistributive Model）三种类型。剩余式与补缺式是类似的，普惠式与制度式是类似的，但工业成就式则将福利视为经济的附属品，主张按照个人能力来论功行赏，多劳多得。由此可见，三种模式的福利分配原则是不同的，国家的角色也不相同。在剩余式模式下，自由放任的观点占主流，主张政府的规模越小越好，国家不干预；在工业成就模式下，福利是为市场服务的，国家维护市场秩序；在普惠式模式下，政府的规模则往往很大，主张国家积极干预。安德森则按照“劳动去商品化”的原则将资本主义福利国家体制区分为自由主义的、社会民主主义的和保守主义的三种模式。三个模式的劳动去商品化程度不同，自由主义的最低，社会民主主义的最高，保守主义居中。

1979 年，英国社会福利研究者邱里尔（Par Julia）在《社会政策与公民权》一书中把社会福利制度划分为三种模式。一是放任主义的社会福利（Laissez - faire Welfare），该模式的意识形态特别强调个人自由选择的价值和市场机制的运作，认为社会福利的分配原则应是个人在经济生产中所占的位置，政府只有在个人无法维持其基本生活水平时，才介入以提供社会福利；二是社会主义的社会福利（Social Welfare），该模式认为每个人都有参与经济、政治和社会活动的权利和自由，该自由是参与的自由，而不是放任主义模式所强调的与生俱来的自由。基于这一理念，政府的角色在于提供一个环境，该环境允许社会上的每一个人，不论其才智或经济社会地位的高低，都拥有其选择的自由，而个人享受福利服务的标准也是个人的福利需求；三是自由主义的福利模式，它介于前两者之间，强调个人的自由和机会，同时强调政府的兜底作用，因此它主张当个人的生活水平低于其他大多数人的生活水平时，政府应该为他们提供福利支持。1985 年，英国社会福利研究者乔治（Victor George）和韦尔定（Paul Wilding）在他们合著的《意识形态与社会福利》一书中，根据影响社会福利发展的 4 种意识形态，将社会福利制度划分为反集体主义的福利模式、半集体主义的福利模式、费边社会主义的福利模式和马克思主义的福利模式。

三、社会福利模式转型的原因

决定一个国家或社会的社会福利模式的原因非常复杂，阶级力量、文化因素、政治体制、经济因素等都会对它产生影响，而社会福利改革更是某一特殊历史时期多种因素合力作用的结果。

经济是影响社会福利模式的重要因素，甚至可以说是首要因素。由于福利往往被视为是花钱的事业（尽管本文并非完全认同），因此一国的经济水平和经济发展趋势成为构建社会福利的基础性条件。工业主义逻辑将社会福利模式视为工业化的自然结果，因此认为经济因素起了决定性作用。现有研究也已发现福利支出和经济发展之间存在正相关关系。由于福利需要一定的资金支持，在某种程度上与经济发展存在一定的矛盾关系，因此探讨福利政策和经济政策之间的关系成为任何福利理论都无法绕开的主题。20 世纪 80 年代以来，福利国家改革更多地是出于经济的考虑，甚至可以说战后发展的福特主义时期经济发展与福利国家的一致性关系已经发展成为经济方面比社会方面更为重要的等级关系，经济发展对福利政策的影响变得空前重要。但是出于节约开支和激发经济活力而削减福利的举措却并没有从根本上解决福利国家的危机，此后发展型社会政策和第三条道路理论指出福利政策和经济政策之间并非绝对的矛盾关系，相反，如果设计得当可能对经济发展具有促进作用，因此提出了诸如“上游干预”“社会投资”等概念。

许多学者从历史主义的视角出发，认为应该把福利政策的发展变化置于政治经济的历史背景与阶级斗争的背景之下来分析。如 Skocpol 认为工业资本主义逻辑与国家价值学派都忽略了政治斗争这一重要的变量，在一定历史条件下，不同阶级或群体之间的团结程度、联盟与斗争的情况都会影响社会政策的产生与发展。Philion 在分析中国建国前后的福利体制转变时运用了阶级动员理论或阶级联盟理论，强调社会阶级是引起政策变动的主要原因，认为阶级力量的平衡决定分配的结果，具有很大的说服力。

文化也是影响福利模式的重要因素，甚至是区分福利模式的核心要素。福利文化最早由英国社会政策专家罗伯特·平克（Robcrt Pinker）提出，他认为福利文化包括福利价值观和福利行为习惯两个方面。毕天云则认为，福利文化是指“在社会福利实践活动中存在和体现出来的各种思想、意识、心理、态度等观念要素的总和”，他认为，福利文化的外延至少包括福利模式观念、贫困观念、救济观念、养老观念、生命价值观念、疾病观念、教育观念和宗教福利观念等八个要素。福利文化不同于福利意识形态，至少不等于。20 世纪 70 年代，最早提出福利意识形态的学者们认为，福利意识形态是社会思潮中有关福利的论述。福利文化或意识形态对社会福利变迁的影响可从中西方福利发展史中得到印证，几乎每一次重要的福利变革背后都有福利理念的推动。国家价值学派就认为不同国家的人民所信奉的价值观和意识形态的不同影响了社会福利的产生与发展。有关东亚各国福利体制的研究也指出儒家文化传统中的家族观念、给予和秩序观念等对东亚各国社会福利体制的确立影响深远。

也有学者试图综合性地来理解福利体制的影响因素。如 Skocpol 等人在分析美国社会福利制度的矛盾现象时提出了“制度—政治过程”的视角，这一视角从美国国家结构和社会结构出发，较好地解释了美国社会福利政策的一些看似“矛盾”之处。熊跃根在分析东亚国家社会福利体制时，则提出国家力量、社会结构和文化传统综合影响了东亚各国的福利体制。国家力量可以被理解为国家在社会政策领域的治理功能和影响；社会结构则包括人口结构、社会分层和非正式组织的诸多影响；文化传统包括人们对社会福利和社会救助的基本态度、对国家干预的基本判断以及有关幸福、需要等的价值观念。

在福利体制的诸多影响因素中，国家力量或者说国家作用一直是不容忽视的重要因素，对中国来说尤其如此。有学者指出研究者应注意国家行政制度（或政府官僚体制）与福利体制之间存在的重要关联。而对东亚国家（地区）的社会保障制度的研究也指出其发生和成长带有明显的国家中心主义特征。在相关的研究中，国家中心主义、国家自主性、威权主义等是较为常见的提法。

国家中心主义（State - Centered Perspective）是关于中央集权政治结构在社会福利制度形成和发展过程中的地位与作用的一种分析方法或理论表述。在该类国家中，福利制度具有如下特征：第一，政府对社会保障政策的制度具有主动的、独立的地位，不会因各阶级和利益集团的影响而改变；第二，阶级合作主义在国家制定社会福利政策和经济政策过程中起着平衡和协调的作用；第三，强调公务员的地位。

国家自主性（State Autonomy）理论的先驱是马克思和恩格斯，他们发现在实践中国家有时会凌驾于社会之上，不顾统治阶级的诉求而采取行动的现象，但是该现象只是历史偶然的表现，大量的实践表现的依然是国家的“工具性”角色。新马克思主义则提出国家相对自主性的概念，并认为相对自主并不是一种特殊形势下的暂时现象，而是资本主义国家的普遍特征，因此不能将其划分为阶级力量平衡的产物，国家的这种自主性来自于经济和政治的相对分离，使得国家可以拥有自身的运转逻辑。国家自主性最有影响力的研究是以 Skocpol 为代表的国家回归学派的研究。她认为强制力是国家的本质特征，也是国家自主性的基础前提，而国家自主性源自于国家自身的特殊利益。

威权主义或权威主义（Authoritarianism）指发展中国家由旧的集权模式向分权模式过渡的中间形态，即半集权模式，它一般具有政治稳定性、政府理性、政府效率性和政府自律性等特征。在威权主义看来，福利国家的扩展与强势政府密切相关，这种权力格局可以在短期内实现在民主制度下所无法取得的制度进展。

进入 20 世纪 90 年代以来，福利改革越来越受到治理理论的影响，开始从政府范式向治理范式转移。对政府一元的关注开始向更加多元化的方向转变。福利治理（Welfare Governance）涉及三个相关主题：定义、传递制度和传递中的实践。福利治理关注的是多元福利主体之间在福利供给中的互动，因此政府如何处理与第三部门和市场之间的关系成为核心。在这一视角下，福利不仅仅是政府独立承担和政府单独推动的结果，而是政府、市场、社会乃至家庭共同作用、相互协调平衡的结果。

第三节　中国社会福利模式转型研究

一、中国社会福利模式转型研究

中国传统社会的福利模式是非常不系统的剩余式的福利模式，家庭和社区在人们日常福利需求的解决上发挥着主体作用，国家的责任主要体现在救济和救灾方面，其目标主要是维护社会稳定。新中国建立之后，中国构建起了一套基于单位制的、身份有别、城乡分立的社会福利体系。一些学者认为改革开放之前该时期的福利模式是低水平的普惠式的福利，但也有学者认为该时期的福利依然延续的是剩余式的模式。但是，多数学者都认为改革开放之前的福利模式是城乡二元分立的一种基于“单位”或“准单位”的保障模式，即“国家—单位”式的保障模式。彭华民认为中国社会福利体系是国家为本的，即社会福利服务于国家政权的建设重于满足人民的需要，于国家形势的稳定重于社会公平与发展。

改革开放以后，社会福利政策出现市场化、边缘化、“私营化”或“民营化”、弱化、社会化或多元化的改革特征，有学者将这些变化归纳为：“在价值上，从理想主义转向了实用主义；在政策目标上，从关注社会公平转向了关心经济效率；在社会福利的提供主体上，社会福利的主要提供者从国家或单位转向了个人和家庭；在社会福利提供的机制上，从国家计划转向了市场主导；在中央与地方关系上，从中央主导转向了地方各自为政。”① 但也有学者认为，简单地认为改革开放后，在社会领域出现普遍的国家退出是不恰当的，国家不仅加强了对经济的宏观干预，也增强了对社会问题的积极介入。

进入 21 世纪以来，特别是党的十六大后，社会政策开始进入一个全新的时期，政府在社会福利的政策制定、资金投入、人员培训等方面都出台了一系列的政策。许多学者认为原有剩余式的社会政策体系开始向适度普惠型、组合普惠型、大福利转变，而政府的社会福利责任也出现了回归、归位、适度扩大的特征。许多学者认为政府如何承担社会福利责任是社会福利制度安排的核心也是中国社会福利制度转型和创新中的重要议题，而福利制度的安排不应该完全由政府来负责，而应该朝向“社会化”“多元化”的方向发展，由政府、企业、社会和个人一同承担。基于此种原因，政府与社会组织之间的合作开始日益向深度发展，政府购买公共服务不仅加快了政府职能的转变、解决了公共服务短缺和个性

① 岳经纶：《和谐社会与政府职能转变社会政策的视角》，《武汉大学学报（哲学社科科学版）》，2007 年第 3 期。

化的问题，还大大促进了社会组织的发展。

关于中国未来社会福利模式的选择，比较有代表性的是“适度普惠”与“组合普惠”。王思斌认为“适度普惠”型社会福利“是由政府和社会基于本国（或当地）的经济和社会状况，向全体国民（居民）提供的、涵盖其基本生活主要方面的社会福利”。适度普惠的基本特征是：针对全体国民、涵盖居民基本生活的主要方面、适度满足基本需要。彭华民则主张“组合普惠”型社会福利，她认为“组合普惠”的主要内涵是以普惠型为主，以选择型和补缺型为辅的组合式、本土化、适度水平的社会福利制度。组合式指的是中度和低度普惠的组合，部分项目的普惠与多个项目的普惠相结合、补缺型与普惠型的组合。组合型社会福利制度的理想状态是：“社会需要将成为中国社会福利制度目标定位最基本的方式，社会福利不是政治稳定的附属制度，不是经济发展的备选条件，而是为了满足社会成员多元需要存在的具有独立性的社会制度；国家是社会福利提供责任的主要承担者；其他多元部门也担负着社会福利提供的次要责任；政府、市场、家庭、社区连接成为层次有别、功能互补、相互支持、互为补充的满足社会成员的福利需要、体现中国传统文化价值与现代福利观念的社会福利体系；消除社会成员接受社会福利的身份障碍，社会成员拥有接受社会福利的公民权利，同时也承担帮助他人的社会责任和义务。组合式普惠型社会福利将经济发展与社会福利发展并重，收入保障与服务提供并重。”①

此外，积极型的社会福利政策也是颇有启发的一种理论视角，它借鉴了吉登斯第三条道路的理论，认为中国的社会政策改革应从政府主导的非专业化、最后出场的社会政策模式转化到以人为中心、建立积极的社会福利，化解社会生活中的多种风险的社会政策模式。其中最重要的是将消极的福利转化为积极的福利。郑秉文则认为中国的社会福利体制是“儒家模式”，而未来的模式选择应该学习以美国为代表的“盎格鲁撒克逊”模式，即国家重点对弱势群体进行救助，而中产阶级主要靠市场来获取福利。

---

① 彭华民：《中国组合式普惠型社会福利制度的构建》，《学术月刊》，2011 年第 10 期。

在中国社会福利模式转型的原因方面，学者们认为经济发展水平、社会状况、社会结构和权力关系、意识形态和福利文化、全球化等都会对社会福利的转型产生重要的影响。改革开放以后的社会福利改革无疑是从属于经济体制改革的，是经济体制改革的社会后果。总体而言，中国目前的福利体制既是“历史—文化”的产物，也是社会变迁、经济与政治发展背景下的结果，是传统伦理道德、儒家政治文化、计划经济和转型社会诸要素综合影响的产物。

在影响福利发展的诸因素中，文化是极具中国特色的一项内容。黄黎若莲曾将中国传统福利文化归纳为五个方面。第一，强调家庭义务和差序格局的相互关系，社会肯定慈善精神，认为它是人性的反应和一种高贵的品德。第二，儒家思想强调对家庭的责任感，互助互利原则还导致了以本社区和共同职业为中心的互助活动。第三，因为强调家庭责任和政府资源有限，政府除了承担救荒工作之外，并未提供大规模的公共福利。第四，因为人们享受到的社会福利有限，并且都来自于和自己切身利益有关的群体，所以人们没有全民共享福利的意识。当从血缘和地缘组织得不到援助就陷入求助无门之地，除非恳求别人打发善心给予人道上的帮助。在这样的情况下，提供的援助往往是非正式得到的、带随意性的和令人耻于接受的。第五，中国人有强韧艰辛的性格，这些使百姓对官府的要求很低，亦没有养成依赖国家福利的习惯。

二、中国政府在社会福利中的责任变化

政府在社会福利中的角色转变与整体的政府职能转变密不可分。新中国成立以来，政府职能转变并不是直线式的，而是经过了不同的时期。林尚立认为政府职能经过了“两次转换和三种形态”，即从以政治职能为轴心整合经济和社会职能的状态转变为以经济职能为轴心整合政府与社会管理职能的状态，并正在向以社会管理职能为轴心整合政治与经济职能转变，而政府责任则表现为越位、错位和缺位之间的变化。政府的社会保障责任不仅表现在缺位以及越位，还呈现出权责不清、界限不明的混乱状态。当前政府在社会保障中的责任重点应是解决转制

成本、中央和地方责任划分等重要问题。

彭华民认为，中国政府传统的社会福利主要基于“维稳”目的，政府责任主要是“补缺”，而新时期，即未来的社会福利政策应基于满足社会成员的“需要”，政府的责任主要是“普惠”，这与其一直主张的从国家为本的社会福利体系向需要为本的社会福利体系转型的理念是基本一致的。同时，她认为政府社会福利责任的扩大是经济社会发展到一定阶段，人民需要发展到一定程度后的必然要求，但责任的扩大不是绝对的，而是要按照需要分目标、分人群、分阶段。责任的扩大要从制度重组、责任关系重组、社会福利服务与社会保险重组等几个方面入手。

有研究指出，政府在社会保障中的责任主要有制度设计、健全法制、财政支持、监督管理、基金管理等责任，目前政府在以上各个方面都存在责任不足的情况。有鉴于此，有学者认为政府应当加强其在社会保障中的责任，也有学者指出政府应在社会福利方面承担有限的责任，主张政府扮演最后出台的角色。有研究也认为中国政府在社会保障事业的发展中始终都起着主导作用，只是“主导”的程度与表现随着社会发展而有所不同，因此政府对人们社会保障的责任是一个不完全的责任。但多数研究基本都认为在社会福利事业发展中，政府的责任应当与其他主体的责任形成合作与互补的关系。

第三章　中西方社会福利模式变迁概述

第一节　西方社会福利体系变迁概述

一、救济时代（中世纪）

西方传统社会的社会救济主要依靠教会、行会和个人的慈善行为。宗教无论在西方还是在中国都是社会救济思想的重要来源，也是早期社会举办社会救济的重要组织。如在宗教改革之前，英国教会中“什一税”的 1/3 都用于慈善事业，许多贫民都得到了教会的庇护。而行会组织也发挥了互助和保护性的重要作用，为其会员提供贫困、疾病、死亡、衰老等救济，比较典型的行会组织如木匠行会、织匠行会、瓦匠行会、商人行会等。该时期的“福利”还未形成体系，国家的福利责任非常有限，而社会组织却发挥了极其重要的作用。

二、济贫法时代（16—19 世纪）

济贫法时代可以被分为旧济贫法时代（16—18 世纪）和新济贫法时代（19

世纪）。

济贫法制度是在从农业社会向工业社会转变的过程中所产生的，与劳动力的自由流动、教会组织的瓦解、流民的增加等密切相关。1536 年，《亨利济贫法》的出台，标志着英国政府开始为解决社会贫困问题承担一定的责任。1601 年《伊丽莎白济贫法》的颁布，该法将贫民分为身体健全者、没有劳动能力的成年贫民和贫困儿童三种类型实行分类救济。救济法对贫民实行比较严格而带有耻辱烙印的救济办法，且实行院外救济制度的原则。

19 世纪，工业革命导致大量社会问题特别是贫困和失业的问题出现，这导致传统济贫法制度下政府开支的不断增加，许多经济学家开始反对这种政策。自由放任政策得以流行，从节约政府开支并促进劳动力就业的角度出发，英国开始颁布新的济贫法。1834 年《新济贫法》出台，它最鲜明的特点是：院内救济、更苛刻的救济条件和限制。

该时期国家福利责任的变动方向是不稳定的，从资本主义经济发展的角度来看，旧济贫法凸显了国家的底线保障责任，尽管极其有限且带有耻辱烙印，目的是为了激发贫民工作，但它毕竟是一种国家意义的救济制度。新济贫法将国家福利责任进行了削减，无论在救济范围和水平上都大大削弱，其背后的主要原因在于经济增速的下滑以及社会福利意识形态的变化以及受此影响政府财政能力的变化、政府福利意识形态的转变等。

三、社会保险时代（19 世纪末—第二次世界大战）

随着资本主义的进一步发展，特别是大规模的工业经济的突飞猛进，传统的救济制度越来越不能适应新的社会形势。

社会保险制度最早产生于德国。19 世纪后 30 年，资本主义国家开始第二次工业革命，工业经济的发展不仅催生和放大了工人阶级的贫困、疾病、失业与伤残，也使工人阶级的保障方式无法再依赖传统的农民式的土地保障，他们要求并且需要新的有效的保障方式。正是在这种情况下社会保险制度得以产生，一方面它可以满足工人的需求，另一方面则可以作为控制工人阶级的有效手段。德国铁血宰相俾斯麦是推动建立社会保险制度的重要人物，统一德国后，他对工人阶级采取“胡萝卜加大棒”的政策，认为社会保险制度是控制社会的有效手段。“一个期待着养老金的人是最守本分的，也是最容易被驯服的”，伤残保险和养老保险是削弱革命的投资”。德国率先于1883年、1884年、1889年分别颁布了《疾病保险法》《工伤事故保险法》和《养老、残废、死亡保险法》，成为世界上第一个广泛建立社会保障的国家。

继德国之后，奥地利和捷克都于1888年立法实施医疗保险，挪威于1890年、1892年和1894年先后立法实施医疗保险、养老保险和工伤保险，匈牙利于1891年建立了医疗保险制度，丹麦分别于1892年和1898年建立医疗保险制度和工伤保险，比利时于1894年开始实行医疗保险，意大利于1898年实施强制性工伤保险及老年和残废保险，法国也于1898年建立了工伤保险。

英国和美国在建立现代社会保险制度时，也有几个重要的推动因素。如英国受到第二次工业革命、工人运动和老年问题等因素的影响，美国则受到社会进步运动和大萧条的影响，而领袖人物在推动社会保险制度建立的过程中更是作用明显。从中可以发现社会保险制度的建立基本都受到经济发展、阶级运动、意识形态等几个重要因素的影响。

总结从救济时代到社会保险时代，可以发现社会福利发展的动力主要来自以下四个方面：一是工业革命与社会转型。资本主义发展、工业革命推动了早期济贫制度的产生，但也同样导致济贫制度的无效，并推动了现代社会保险制度的产生。工业革命还带来了社会的转型，农民的减少、工人阶级的出现、社会问题的增多等，也带来较高的经济增长，也使社会保障制度的建立有了基础。二是工人阶级运动。德国首先建立工人保险制度与德国一直以来工人运动高涨有关，其随后社会保障制度的发展也受到法团主义的强烈影响。就英国而言，工人阶级及其相关组织的反对和推动也影响了其社会保险制度的建立，如采取免费的养老金制度。三是意识形态的影响。英国社会保险制度的建立受到当时流行的意识形态以及执政党意识形态的重要影响。如受到自由党意识形态的重要影响，养老保险、失业保险与健康保险都是在自由党执政时期产生的。美国则受到国家干预主义的重要影响，其自由放任的思想在“一战”后和大萧条时期逐渐让位于凯恩斯的国家干预主义，布雷森顿会议后，凯恩斯主义开始为西方国家普遍接受，并成为其指定政策的重要依据。四是利益集团压力与博弈。社会福利政策的产生历来都是利益团体相互博弈的产物，在自由主义奉行的资本主义国家更是如此。工会组织、行业协会、商业保险团体、互助会、雇主等都是影响社会福利的重要利益相关者。如 1911 年 6 月 11 日，劳合乔治在伯明翰风趣地说“目前我是个缓冲物，医生们说 6 先令不够，就打我脑袋的一边。互助会说‘你也敢给我们这么多!’，然后我的脑袋的另一边又挨揍了，我在他们中间只能以基督徒的温顺来接受，这是政治家的个性。”

四、福利国家时代

英国是第一个宣称福利国家建成的国家。1942 年，英国发表了在社会保障史上非常著名的《贝弗里奇报告》，奠定了英国社会保障制度改革的基本原则。报告指出改革的三大原则是：改革应该是考虑英国整体利益的革命性变革；改革应该综合性的解决包括贫困、疾病、无知、肮脏、懒惰；改革必须通过国家和个人的合作来实现。

1944 年，英国政府发表的《关于社会保险的白皮书》，接受了贝弗里奇报告中的改革原则。1946 年新的国民保险法通过，保险采取强制性缴费制度，规定年龄在达到离开学校与领取养老金年龄之间的每一位英国人都必须要缴纳保险费。1948 年，英国又颁布实施了国民救济法，作为社会保险法的补充。同年还建立了新的免费的国民健康法。这样，国民保险法、国民救济法、国民健康法以及其他与 1945 年建立的家庭补贴法、工伤法等一起搭建了战后英国完整的社会保障体系。1948 年，首相艾德礼自豪地宣布：福利国家的基础已经很好地、真正地确立起来。在其他国家，战争的危机同样也焕发起民众对国家干预的期望，凯恩斯主义在世界取得了它毋庸置疑的正统地位。“二战”后，许多国家相继宣布建成福利国家，即使是一向崇尚个人自由主义，反对政府干预的美国在“二战”后也不断地扩大它的福利开支与覆盖面。

总结来看，福利国家建成的基础主要有以下三个方面：第一，经济基础。福利国家尽管是“二战”后建成的，但是其所依靠的却是资本主义二百年的经济基础。工业资本主义逻辑基本属于这一思路，认为随着工业化和城市化的发展，所有的国家都必将产生相应的社会保障制度以应对现代社会问题。第二，社会阶级力量。福利国家的产生绝不是自然的结果，而是各种社会力量推动的结果。不论是此起彼伏的工人运动、女权主义运动，还是各种利益集团所推动的运动与政策转变，都影响了福利国家的建成。第三，意识形态。即国家干预主义的影响。

五、福利改革时代

“二战”后建立起来的福利国家制度本身就蕴含着许多不稳定的因素，如英国免费的医疗制度在实行几年后就出现财政支出的巨额增长，统一标准、统一津贴的养老金制度也给政府带来沉重的负担。“二战”后的30年，英国经济发展较为平稳，无论是保守党还是工党政府都对社会保障制度的津贴标准进行了提高，其他社会保障制度也进行了一些调整，如建立与收入相连的养老金制度等。

福利国家体系在20世纪80年代受到了巨大的冲击，以英、美为代表的主要资本主义福利国家都开始削减福利开支、紧缩福利计划的高潮，一些社会民主主义类型的福利国家如瑞典也进行了福利的缩减。这场危机的原因非常复杂，大致与以下几个方面有关：

一是经济压力。20世纪70年代两次全球性的石油危机导致西方发达国家的经济增长速度大幅下滑。石油危机所引发的全球性的经济危机不仅使福利国家的经济增长难以维系日益扩张的福利体系，同时还带来日益攀升的失业率，愈发加重了福利支出的负担。在整个70年代，福利国家体系由于失业率的攀升、人口老龄化的加剧和医疗保障费用的增长而变得日益庞大。

二是全球化。1974年和1979年美国和英国相继废止了资本控制制度，汇率也不再是固定的，全球性的资本和货币自由流动开始加大。全球化不仅使国家宏观调控经济的能力受到了挑战，也直接影响了福利国家的税源，因为资本的自由流动使企业规避本国的福利约束成为可能，相应的也带来就业岗位的减少。因此，失业、救济与财政收入下降之间产生了较大的张力。

三是福利引发的负面效应。福利所引发的社会负面效应也是经常被人诟病的危机之一，如依赖心理、福利不公平和自愿性失业等问题。“从摇篮到坟墓”的福利国家制度影响了个人工作的积极性，产生不工作也可以得到社会福利的心理，因而带来就业率低、劳动效率下降等后果，同时对传统的家庭等非正式社会支持网络也有一定程度的挤出效应。

四是新自由主义。20 世纪后半期，凯恩斯的国家干预主义日益受到怀疑，以弗里德曼和哈耶克为代表的自由经济学家们的思想开始重新受到重视，他们抨击国家干预破坏了自由市场经济，损害了个人自由，主张社会保障的最小化，主张自由放任，减少国家干预。1979 年，撒切尔上台，1981 年里根执掌白宫，代表新自由主义在政治领域开始占据主导地位。他们开始大刀阔斧的福利改革。

福利改革的表现主要涉及以下两个方面，一方面是直接或间接地缩减福利，包括直接削减支出、降低福利水平、延期支付、缩短资助时间、减少福利项目、通过更具选择性的目标定位减少覆盖面等措施；另一方面是直接或间接提高税收水平。老龄化的加剧迫使越来越多的国家开始改变现收现付制的筹资方式，向累积制或部分累积制发展，这要求劳动者必须为自己未来的养老储蓄，这部分储蓄通常采取强制性的形式。与此同时，要求企业为职工缴纳职业养老金，主张国家、企业和个人责任的共担，缓解政府养老压力。理论上讲，提高缴费工资的基数和保险税率，都会达到增加保险收入的结果，而这两种方式美国政府都采取过。如 1960 年，养老、残废和遗嘱保险的综合税率为 3%，但在 1980 年则上升至 6. 13%，从 1990 年开始，税率已高到 7. 65%。1970 年缴税最大工资基数为 7 800 美元，1996 年则增加到 62 700 美元；最后是重新重视效率，包括在福利改革中引入市场竞争机制，强调市场和个人作用。主要措施就是实行私有化。

六、福利国家的重构时代

20世纪80年代以来的福利改革并未摧毁福利国家，实际上它也并未真正带来福利开支的明显下降和福利效率的提高，事实上由于福利刚性的存在，民众对国家或政府的期待始终没有减退。

20世纪末经济全球化速度的加快，使人类生活的动荡反而更加增强，福利的退缩在短期内尽管减轻了压力，但却面临日益严重的社会问题，并最终放缓了经济发展的速度。对新自由主义的反思也开始增强，第三条道路的理念出现，开始强调积极的社会福利，重新思考经济发展与福利政策之间的关系。最近几年，全球福利改革呈现出更加多元与复杂的特征。以美国为例，奥巴马的医疗改革使国家干预变得十分明显，激起了强烈的政治反弹；以英国为例，布莱尔政府的福利改革，则使国家的角色正在变得越来越消极。2017年1月20日，刚刚宣誓就职的美国总统特朗普签署第一份总统行政令，暂停奥巴马医改法的继续扩大，推迟实施奥巴马医改法案中任何可能给州政府、医保提供方、家庭和个人带来“财政负担”的条款。许多人怀疑特朗普的上台将会“终结”美国信奉已久的自由主义与个人主义，美国未来的福利改革走向可能会逆转。

七、总结

从西方社会福利体系变迁的主要轨迹来看，国家福利责任的变动轨迹受到多种原因的复杂影响，导致其责任范围和强度也出现起伏不定。尽管总体而言由于福利刚性的存在和现代化国家的发展要求，完善的福利体系始终是所有国家的追求，但由于社会经济形势的变幻，福利体系的“适宜性”总在进行不断地调整。

历史地看，西方国家福利改革中的重要影响因素依次为经济发展、福利需求、福利意识形态和阶级力量对比。从此前的“制度—结构”分析框架来看，这些主要是外部影响因素，影响了国家福利责任的基本走向，即“收缩”还是“扩大”。

经济因素的影响首当其冲。在本节中我们看到，济贫法的产生、社会保险制度的建立和现代福利国家的构建都受到资本主义发展、工业革命的重要影响，是经济发展对社会变革做出的时代要求。而20世纪80年代以来的全球福利改革则受到经济危机的重要影响。经济发展既可以通过“财政能力”这一内部影响因素对福利改革产生影响，也可以对公众福利需求、福利文化和阶级力量对比发挥重要影响，既是外部影响因素中的核心要素，也是影响其他因素的一个重要变量。

国家的合法性来自于对其公众需求的有效回应，因此社会福利需求成为影响国家福利责任的另一个重要变量。社会福利需求会随着社会经济形势变化而变动，对政府的福利行为、经济行为都有重要期待，并通过阶级力量的对比最终对政府的组织目标发挥作用。在本节中，福利国家的建立与战后人们对和平、稳定、安全的生活期待密切相关，德国社会保险制度的建立更是直接回应由于资本主义发展而产生的失业、贫困、伤残等各种社会问题。

福利文化一部分表现为公众的福利需求，如对政府角色的期待和对个人责任的认识，更重要的则在于社会主流福利意识形态，它对每一次福利改革都发挥了重要的舆论和价值引导作用，使得每一次福利改革更具“合法性”。这一因素的影响毋庸置疑，如在“二战”后福利国家建立和20世纪末的福利改革中都发挥了重要的作用。

阶级力量的对比实际上是不同群体之间的利益博弈，属于政治因素。在本节中我们通过德国社会保险制度的建立重点展示了这一影响。

第二节　中国社会福利体系变迁概述[①]

一、中国传统社会的福利体系

中国传统社会就有一些慈善、救助和服务活动。民间的慈善活动通常通过乡村共同体或家族共同体来实现，有些则是佛堂庙宇以及一些富户官家的私人慈善活动，内容主要涉及救济穷人灾民、体恤孤老残幼、资助教育、修桥铺路等。官方的慈善与救济活动在历朝历代都有，最早可以追溯至西周时期的“保息六政”，对那些缺少亲人帮助，在日常生活中经常孤立无援的弱者，封建政府也会采取措施加以救济，如经常性地发放钱粮、布匹等。而对于一般的贫困人员，政府则采取非定期的施粥做法。此外，为避免贫困者流离失所，特别是解决鳏寡孤独者的生存问题，政府通常会有相应的济贫、养老和慈幼的政策，也会设立一定的社会救济机构，如南北朝时期的六疾馆和孤独园，宋代的居养院、安辑坊、漏泽园等。灾害救助也是政府一项非常重要的事务，国家逐步形成了一套系统的“荒政”体系，包括灾前预防、抗灾救荒和恢复生产等。在长期的救灾工作中，逐渐形成了一些具有深远影响的赈灾政策，如养恤、贷赈、蠲缓、安辑、调粟、平抑粮价与以工代赈等。

民国时期，中国社会福利政策的发展进入一个新时期，在新的国家制度之下，社会政策呈现出更多的现代化特点。1931 年颁布的《救济院规则》以及《工厂法》，1943 年颁布的《社会救济法》，都尝试通过立法的形式来规范社会救济行为。但由于当时经济不独立，社会不安定，所颁布的救济政策往往流于形

① 本部分内容已发表于《贵阳市委党校学报》2012 年第 4 期，这里截取了部分。

式，并未达到预期的效果。

中国传统社会的福利政策特别是社会救济政策历史久远，具有中国特色，但其仅仅是政府控制社会的一种手段，通常在个人、家庭及社区无法解决民众生活问题的基础之上才会产生。按照社会政策划分的三种模式来看，中国传统社会的福利政策具有剩余式的特点，尽管它还不是成熟的社会政策体系。在这一福利模式中，国家的福利责任是非常有限的，相反，个人、家庭以及非正式的支持网络发挥的作用是无限的。这一传统也深深影响了中国人的求助观和其对国家福利行为的期待。

二、新中国成立以来社会福利体系的变迁

（一）计划经济时期的政策模式

计划经济时期，中国的社会福利呈现出明显的制度再分配特征。国家建立了一套以就业为基础的严密的社会管理与控制体系，在城市以企事业单位和街区组织为载体，在农村以人民公社为载体，通过“单位”或集体提供就业、住房、医疗等各项福利保障。政府的强干预是这一时期社会福利的首要特征。以就业政策为例，计划经济时期，为保证重要工业建设项目的完成，国家首先从建筑业开始建立全国统一的劳动力统一招收和调配制度，后逐步扩大到工矿企业和交通运输等各个部门，演变为以后的全国范围内的劳动力统包统分制度，即“铁饭碗”。1958 年 1 月政府颁布了《中华人民共和国户口登记条例》，明确将户口分为农业与非农业两种，并对人口的自由流动进行严格的限制，保证了城市充分就业的实现。20 世纪 60 年代，由于经济发展放缓和随后文化大革命的开展，出现城市劳动力剩余现象，国家又开始动员大批来自农村的城镇职工回乡生产，同时动员知识青年下乡，通过向农村转移劳动力，有效地缓解了就业的压力。“文革”后，大批知识青年返乡，但是集体经济和个体经济的发展已受到重创，新增劳动力不得不由政府劳动部门在全民所有制企业中统一安置。该时期的就业政策

呈现出明显的国家干预特征，国家统一分配劳动力、统一管理工资和职工福利，同时还通过限制人口流动与“终身”就业的方式保证了充分就业目标的实现。

较为平均化的分配方式是该时期的另一特点。以养老保障为例，“现收现付”制是当时城镇养老保障制度的主要原则，个人不需要为自己未来的退休金进行强制储蓄，而退休金的多少也与个人在工作期间的贡献没有直接的关系，个人的退休金由国家和企业按照一套相对平均的给付办法进行统一分配。这是一种低水平但却相对普惠、平均的保障形式。

总体而言，在计划经济时期，政府通过统一调配生产资料、劳动力和产品以保持社会的正常运转，公民的各种社会性需求也通过政府的统一安排而得以满足。这是一种典型的制度化再分配模式，国家承担了主要的社会福利责任。

（二）改革开放以来至 20 世纪 90 年代末的福利改革

党的十一届三中全会后，全党和全社会的工作重点开始转移到经济建设上来，1984 年《中共中央关于经济体制改革的决定》拉开了城市经济体制改革的序幕。而作为经济体制改革配套措施的社会改革在该时期也开始了艰难的探索，并不可避免地受到了市场经济改革思路的影响，特别是自 1993 年之后，“效率优先、兼顾公平”的原则几乎成为社会各个领域改革的思路。该时期另一重要的改革影响则来自于西方资本主义国家的福利改革，曾经支撑福利国家的凯恩斯国家干预主义受到质疑，而以弗里德曼和哈耶克为代表的自由经济学家们的思想重新受到重视。一些主要的资本主义国家如英美都在 20 世纪 80 年代开始了大刀阔斧的改革，如缩减福利开支、紧缩福利计划，进行市场化和私营化的改革等。这对于刚刚打开国门积极向西方学习的中国来说，具有强烈的示范效应。

20 世纪 80 至 90 年代，中国社会在“谁应当承担社会福利责任”以及“如何更好地提供社会福利”等两个方面发生了重要转变，对政府、市场的责任与角色的认识也发生了改变。改革主要涉及以下两方面的内容：

第一，社会福利改革的市场化。“市场化”一词具有两层不同的含义，一是资源配置的市场化或者说是运行机制的市场化；另一个是生产过程的市场化，即最小的投入获得最大的产出。改革开放以后，国家日益认识到经济活力不足、效率低下的问题，提出了“效率优先，兼顾公平”的分配原则，但是这一原则在实践中被片面地认为是生产效率的提高，并逐渐将其引入到经济之外的社会领域，一些关键的福利政策在该时期也呈现出“市场化”的发展趋势。如卫生政策方面，1979 年卫生部即主张以经济手段管理卫生事业；1985 年开始以经济体制改革的要求来改革城市卫生工作，提出“给政策不给钱”的改革方向，医院开始实行以工助医、以副补主的改革，实行承包制，调整服务收费，实行有偿服务。即使是以服务特殊人群为主的社会福利机构也开始扩大服务范围，开展自费收养工作。1989 年湘潭会议明确指出，社会福利事业单位不能仅靠事业费吃饭，而要增强经济观点，学会敛财、用财之道，挖掘潜力，开辟生产门路，增加经济收入。进入 20 世纪 90 年代后，社会政策的市场化趋势更加明显。如 1994 年住房商品化拉开大幕，实行住房公积金制度；1998 年住房分配全面货币化，高校扩招，教育产业化等。

第二，是社会福利责任承担的多元化。计划经济时期所形成的政府垄断性提供社会福利的格局被打破，政府责任的有限性和个人应为自身负责的理念不断被强调，在社会政策改革中表现为政府责任的缩减与个人家庭责任的增加。以民政工作中的“社会福利社会化”为例，1983 年在第八次全国民政工作会议上，民政部即提出“兴办社会福利事业要调动多方面的力量，广开门路，采取多种渠道。国家可以办，社会团体也可以办，工厂、机关可以办，街道可以办，家庭也可以办。要依靠基层组织，动员社会力量，举办小型多样的社会福利事业单位。”1984 年的漳州会议进一步指出了社会福利事业要从单一、封闭的由国家包办的体制转变为国家、集体、个人共办的方式，面向社会多渠道、多层次、多形式举办各种社会福利事业。最为明显的则是计划经济时期所形成的国家保险也开始向社会保险转移，无论是医疗保险、养老保险，还是失业保险，都开始逐渐实行筹资结构的国家、集体、个人三方负责，个人缴费与社会统筹相结合的制度。

总结该时期福利体系的变化，可以发现它与计划经济时期相比有较大的不同，已不再是由政府垄断提供保障的政策模式，而是呈现出更加市场化与多元化的特点。一方面与改革前政府大包大揽的做法相反，社会福利开始强调政府责任的有限性，主张个人应该为自身福利负责，政府的责任开始缩减，而个人、家庭与社会的责任则越来越被强调。另一方面由于政府干预的减少和市场机制的引入，社会福利政策逐渐转变为以效率而非平等为首要目的，福利的供给转而关注个人的贡献与能力，而不是需要的满足，因而逐渐淡化了普惠性的特点。上述转变表明，我国的社会政策有从政府主导的制度再分配模式逐渐向剩余型模式转化的倾向。

（三）21 世纪的社会福利政策改革

世纪之交，国有企业改革进入了攻坚阶段，市场经济体制改革的进一步深化面临着配套设施不健全，特别是社会保障体制不健全的问题。而经济的发展、社会的进步则把社会公平提到了与经济发展问题同等重要的位置上来，探索经济与社会的协调发展成为新世纪党和政府工作的重点。

在新的社会形势下，社会政策开始转变其从属于经济政策的地位，逐渐走向更加自主和独立的地位。2001 年 3 月 15 日，第九届全国人民代表大会第四次会议批准的《国民经济和社会发展第十个五年计划纲要》中指出“完善的社会保障制度是社会主义市场经济体制的重要支柱，关系改革、发展、稳定的全局”，社会政策体系的建设开始从幕后逐渐走向台前。党的十七大以来，以民生为重点的社会事业获得蓬勃发展，党的十七届五中全会将更着力改善民生，“完善符合国情、比较完整、覆盖城乡、可持续的基本公共服务体系，提高政府保障能力，推进基本公共服务均等化”等列为“十二五”规划的重点任务。这一切对中国的福利改革来说，既是新的机遇也是新的挑战。面对新的形势，改革重点集中在以下三个方面：

首先，政府不断加大投入、建立健全社会政策体系。进入 21 世纪之后，政府重新认识到自身在保障公民的基本权利方面具有不可推卸的责任，在一些重要的社会政策领域，如医疗、教育、住房、养老、救济等方面，政府责任开始回归，无论是在资金投入还是制度监管方面，政府都表现出更加积极的姿态。仅在

2007年，国家就通过了一系列重要的社会保障法规和政策，如《中华人民共和国劳动合同法》《关于开展城镇居民基本医疗保险试点的指导意见》《关于在全国建立农村最低生活保障制度的通知》《关于解决城市低收入家庭住房困难的若干意见》《中华人民共和国就业促进法》等。再比如，2005年国家明确承诺“全部免除农村义务教育阶段学生学杂费，对贫困家庭学生免费提供教科书并补助寄宿生活费”，相应经费由中央和地方分担。2009年新医改方案正式出台，提出要在三年内实现基本医疗保障全面覆盖城乡居民，并通过一系列措施，解决老百姓看病难、看病贵的问题。同样也是在这一年，新型农村养老保险政策开始在全国试点，改变了传统个人缴费型的保险模式，通过国家补贴吸引、鼓励农民参保，显示出国家对农民的关心与回馈。2011年7月1日，一项新的养老保险制度——城镇居民养老保险制度在全国试点，居民、城镇职工和农民三项养老保险即将覆盖全体公民。

其次，国家开始调整社会政策“市场化”的趋势，更加注重社会公平。对于市场的认识，中国经历了计划经济下的压制到改革开放后的推崇再到反思与调节的过程，认识到市场在刺激经济发展方面具有优势，但在保障公民的社会权利方面则有一定的缺陷。2005年10月11日中国共产党第十六届中央委员会第五次全体会议通过的《中共中央关于制定“十一五”规划的建议》中提出了“更加注重社会公平”的建议，对“效率优先、兼顾公平”的原则进行了修正。党的十七大则明确指出“初次分配和再分配都要处理好效率与公平的问题，再分配更加注重公平。”

最后，政府日益重视社会力量在提供社会福利服务方面的作用，开始通过规范监督、资金支持、购买服务等方式，引导社会力量参与到社会服务中来。2000年，民政部等十一部委通过了《关于加快实现社会福利社会化的意见》，指出要积极探索国家倡导、资助，社会各方面力量积极兴办社会福利事业的新路子。党和政府在历次重要会议中，也对社会组织在社会建设中的力量做出了充分肯定，指出要“规范引导民间组织有序发展”“完善民间组织自律机制，加强和改进对民间组织的监管”。许多发达城市，如上海、北京、广东等地开始积极探索向社会组织购买服务，通过完善注册与监管制度，引导并支持社会组织发展。2012年3月，《中央财政支持社会组织参与社会服务项目公告》的发布，决定以中央财政专项资金支持社会组织参与社会服务。这些都表明政府开始注重发挥其在社会福利责任共担方面的引导、支持和监管的作用。

总结21世纪新时期中国福利改革的特点，可以发现它呈现出与20世纪80至90年代明显不同的特征。与强调市场化改革相反，该时期的社会政策更加注重平等与公平，主张通过政府主导、社会广泛参与的途径弥补市场失灵所带来的社会发展不平衡的问题，通过社会政策的健全与完善使社会成员能够共享社会发展的成果。该时期的社会政策表现出脱离剩余式模式朝向制度再分配模式发展的特征，许多学者认为中国正在构建一种政府主导、社会广泛参与的适度普惠型模式。

三、总结：新中国社会福利体系变迁的主要特征

总结新中国成立以来我国社会福利体系的变迁轨迹，可以发现它大概经历了两次重要的转折：第一次是从计划经济时期的制度再分配的模式向相对剩余式模式的转变，它源于市场经济改革，表现为国家责任的缩减和个人责任的凸显；第二次则是从20世纪末开始一直持续至今天的向适度普惠型模式的转型，它表现为国家责任的回归以及多元福利责任体系的构建。在从国家垄断式提供社会福利向国家与社会合作提供福利的转变过程中，国家责任经历了从“撤退”到“回归”的起伏变化。分析并总结这一起伏转变的过程可以帮助我们更好地理解中国社会政策体系变迁的内在动力。

（一）社会福利体系的转型是对国家、市场与公民社会的角色与作用重新认识的过程

改革开放以后，中国社会的发展实际经历了两个阶段，不同阶段对市场、国家和公民社会的认识也明显不同，由此导致社会福利也呈现出两种不同的作用方式。

首先是国家在社会福利领域经历了从逐渐退出到重新回归的过程。计划经济时期政府在社会福利政策中的垄断地位在改革开放后有所改变，政府开始撤出一些社会领域，导致个人和家庭承担了越来越大的责任。但是进入 21 世纪新时期之后，政府表现出更加积极的姿态，政府的社会福利责任开始回归。

其次是对市场的认识，经过了从片面推崇到有意识地调节与反思的过程。从计划经济时期下的市场受控于政府，到改革开放后市场从政府下解放出来，再到对市场进行反思与调节，这是对市场认识的不断深化。

最后是对社会性力量的认识，经过了从控制发展到积极引导并鼓励发展的过程。改革开放以后，社会性力量得到了极大的发展，但是出于社会稳定的需要，也由于意识形态的原因，政府对社会性力量一直比较警惕，对各类民间组织采取了边发展边控制的政策，使民间组织在做大、做强、做专上面临巨大的障碍。进入和谐社会建设时期之后，社会组织的作用得到了充分的认可，其发展也得到了更加积极地支持和鼓励。

（二）社会福利体系的转型是社会现实外部压力与政府执政理念转变的内在推力共同作用的结果

政策的变迁是一个内外因素共同作用的结果，在外部条件上它往往指压力或拉力的存在，而在内部条件上则指的是政策制定者内部是否具有政策变迁的能力和意愿。事实上，即使是外部压力和拉力也必须要通过控制政策过程主体的感知和行动而发挥作用。改革开放后，中国社会福利政策的转型是社会转型所带来的外部压力和政府执政理念转变共同作用的结果。

（三）社会福利体系的转型与国家的财政能力密切相关

社会福利政策的发展要求分享更多的财政支出，也要求政府有能力调整财政收支结构，扩大公共服务的覆盖范围，事实上中央也意识到了这一点。[①] 改革开

① 2008 年，胡锦涛同志在中共中央政治局第四次会议时指出了这一点。

放后，中国经济取得飞速发展，国家财政收入占国内生产总值的比重在 1996 年以后开始稳步增长。2007 年国内生产总值达到 24.95 万亿元，从世界第六位上升到第四位，全国财政收入达到 5.13 万亿元，比 2002 年增长 1.71 倍，外汇储备超过 1.52 万亿美元[①]，中国的发展速度是惊人的。飞速发展的市场经济尽管带来了许多复杂的社会问题，但它最大的功绩是为国家累积了一个良好的物质基础。正是有了这样一个基础，政府调整收入分配，扩大社会保障覆盖范围，建设适度普惠型的福利制度才成为可能。事实也证明，从世纪之交开始，社会福利支出占国内生产总值的比重开始逐年上升。

（四）社会福利体系的转型具有自上而下的特征，政府的主导性较强

社会福利体系的转型与发展，与政策的制定和执行主体密切相关，在中国这一主体主要是政府。在任何一个时期，甚至是在传统社会，政府都是提供各种社会保障的主体，这是由中国的政治体制和社会管理体制的特点决定的，也是由中国的文化特点以及传统的求助与受助观念决定的。回顾新中国成立后社会政策的变迁，不难发现，任何一次重要的转折都与党和政府执政理念的转变密切相关，与政府对社会发展形势的判断密不可分。

通过以上总结，可以看出政府社会福利责任转变的动力机制主要源于执政理念的发展成熟、财政能力特别是中央财政实力的提高、政府目标从经济目标至上向经济与社会目标并重转变、社会外部压力等复杂因素，这些因素正如研究框架当中所指出的。至于央地关系、部门关系以及政府行政能力在社会政策改革中的作用，则会主要表现在社会政策的执行即“落地”的过程中。

---

① 综合了《2008 中国统计年鉴》以及 2008 年第十一届全国人大一次会议的政府工作报告中的相关数据。

第四章　社会福利诉求的基层样本

福利责任与福利权利密不可分，民众对国家福利责任的要求往往基于对自身福利权利的认识，而国家对福利责任的履行则又往往要求民众对福利义务的履行。从这一意义上来说，不同主体之间对福利责任的承担往往是相互影响的，可能会存在挤出效应，如家庭或社会承担福利责任的能力很强，可能会削弱政府的福利作用，而政府过多地干预福利也会挤出社会自助的力量。但不同福利主体之间也并非是零和博弈的，如果处理得好会达到相互促进的作用，如福利多元主义主张的优势互补、相互支撑。

传统中国有“福利”而没有“社会福利”的概念，国家福利体系并不是必需的，尽管国家也经常赈灾救济，但此种行为并不是建立在权利的基础上的，相反往往被视为是当权者的“慈善”。就中国传统而言，照顾弱者的责任并不在政府，而首先是家庭，其次是亲属，然后是居住在其村庄和城镇中的人，这样看来中国人的福利责任观也是遵循差序格局的，而中国人传统上并不愿意向政府寻求帮助。黄黎若莲和王思斌也对中国人的这种传统的求助观念，特别是对血缘和地缘关系的依赖，对政府福利需求的有限进行了透彻的分析。

尽管在传统上，中国人对国家并未有太多的福利要求，而习惯于自我解决，但是随着社会的发展，特别是个人权利意识的增强，民众对国家的福利期望开始逐渐增多。民众对国家福利责任的要求以及对自身福利权利的认知往往基于自身对福利服务的感知，而这种感知最终将会通过外部社会压力对政府的福利行为产生影响，这种影响可直接表现为社会问题，也可表现为社会福利文化或意识形态。从本研究的分析框架来看，公众的福利满意度及由此而产生的对政府的福利期望属于福利文化的重要内容，它往往随着社会的变化，呈现出复杂多变的形态，但也深受传统文化的影响，有其核心不变的内容，如对家庭的重视，对私人关系网络的依赖等。有鉴于此，研究认为有必要对公众的社会福利感知状况进行如实地反映。

由于研究手段的局限，本研究无法做更大范围的调查研究来反映中国人对总体社会福利的评价状况，而只能通过一些基层样本来分析这一问题。为此，研究选取了一个县级城市的基层样本以及一个副省级城市的基层样本来透视公众对社会福利政策的感知特别是评价状况，由此分析其对国家福利行为的期待。

第一节　县级样本：公共服务诉求

一、调查情况介绍

2012 年，课题组对江苏省海门市进行了多次实地调查访谈，试图通过剖析一个微观的县级城市样本分析中国沿海发达地区发展的现实路径。2012 年 2 月与 5 月，课题组两次实地调研，走访了城市和农村不同阶层和身份的居民，了解了他们对于当前城市公共服务的评价以及对于自身生活状态的自我评价。同年 11 月课题组开展了覆盖全市的问卷调查，采用多阶段抽样方法，按照各镇街人口占比等比例分配随机抽取 1 000 份样本，备用 200 份样本。问卷的主要内容是了解海门经济社会发展过程中所产生的社会需求，调查民众对自身家庭就业、社会保障、家庭收支、社会问题的感知，调查民众不满的来源以及对未来社会福利政策的预期。

问卷为访问式问卷，调查方式为访问员分片集中入户访问。为保证访问员高质量完成任务，课题组对访问员进行了集中培训，访问员的选择以熟悉当地语言并在当地工作的村干部为主，访问员分组，由组长对访谈情况进行初步把关。现场有课题组成员随时督导，对问卷进行现场审核，不合格者随时补漏，当天晚上进行二次审核，不合格者追问访问员进行补漏。

此次调查共回收有效问卷 972 份。调查对象的年龄构成以中年和老年人为主，数据显示出生年龄在 37～67 岁之间的被调查对象占总数的 70%；而年龄在 43～62 岁之间的被调查对象占总数的 50%。在被调查对象的性别中，男性为 663 名，占总体的 67%；女性为 309 名，占总体的 31%。

二、市情分析

海门市位于江苏省东南部，毗邻黄海，倚靠长江，与上海隔江相望，素有“江海门户”之称，处于承接南北的重要枢纽位置。海门市属于南通市辖下的县级市，全市面积 1 148 平方千米，设有 3 个街道，8 个镇，1 个乡，233 个村民委员会，64 个居民委员会。

海门市经济发展较快，2013 年全市生产总值 740.01 亿元，财政收入达到 140.21 亿元，城镇居民可支配收入 32 387 元。在江苏省乃至全国，海门市都属于经济较为发达城市，2013 年全国县域经济与县域基本竞争力排名 27 位，《福布斯》为 2013 年大陆最佳县级城市 30 强，中国创新能力最强城市 25 强和最佳商业城市百强。

三、社会福利诉求及满意度分析

此次问卷调查显示，海门居民认为本市当前迫切需要解决的社会问题是“看病贵、看病难”的问题，其次是“养老难”的问题，而列在第三位的则是“贫富分化”。如表4.1所示。

表4.1　海门市迫切需要解决的社会问题是什么

	养老难	看病贵、看病难	教育负担过重	贫富分化	失业就业	环境污染	其他问题
人次	321	444	117	298	68	156	28
排序	2	1	5	3	6	4	7

注：由于该题是不定向选择，多数人选择了1~3项，因此最后合计总数超过1 000。

“迫切需要解决的问题”反映了居民对该项社会福利具有较高的诉求，也代表了该项福利的提供情况并不理想，至少无法满足居民的要求。该调查结果与我们平时研究和自我感知的情况是比较契合的。

（一）各项公共服务满意率和满意度

问卷调查了居民对各项公共服务的满意情况（见表4.2），数据显示：居民对“社区干部”“社区公共事务”的满意程度明显高于其他各项，其原因可能在于比较了解。而对“医疗卫生服务”的满意情况最低。综合“非常满意”和“比较满意”两项之和，满意率从高至低分别为“社区干部”“社区公共服务”“政府管理服务”“中小学教育”“医疗卫生服务”，满意率分别为87.2%、80.7%、69.4%、69.2%、62.0%。这种情况与上文“迫切需要解决的问题”是相互印证的。

表4.2　居民对各项公共服务的评价情况　（%）

	医疗卫生服务	中小学教育	政府管理服务	社区公共事务	社区干部
非常满意	3.9	8.0	6.2	14.4	19.6
比较满意	58.1	61.2	63.2	66.3	67.6
一般	25.9	23.8	24.5	17.3	10.6
比较不满意	10.6	5.8	4.9	1.1	1.6
非常不满意	0.9	0.6	0.6	0.2	0.3

注：该表没有显示“未选择”的情况，因此数据显示的合计不为100%，但由于未选择的人数较少，因此并不影响数据的解释力。

将“非常满意”“比较满意”“一般”“比较不满意”和“非常不满意”分别赋值100、80、50、20和0分，经过计算，可得知各项服务的满意度，如表4.3所示。数据显示，满意度最高的是“社区干部”，其次是“社区公共事务”，以下依次为“中小学教育”“政府管理服务”“医疗卫生服务”。不管任何一项服务，其得分都未达到80分，即“比较满意”的程度。由此可见，本市在公共服务方面仍有较大的改善空间。

表4.3 居民对各项公共服务的满意度 （%）

	医疗卫生服务	中小学教育	政府管理服务	社区公共事务	社区干部
满意度	65.45	70.02	69.99	76.31	79.3

（二）对各项公共服务不满意的原因分析

调查显示，在对各项公共服务不满意的原因方面，居民表现出了比较一致的诉求（见表4.4）。

在对“医疗卫生服务”明确表达诉求的118位居民中，不满意的原因首当其冲的是“医疗费用过高”，高达71.2%。

表4.4 对当前医疗卫生服务不太满意的原因 （%）

	频率	百分比
医疗费用过高	84	71.2
医疗服务水平低	9	7.6
医疗服务态度差	8	6.8
医务人员素质低	14	11.9
就医很不方便	3	2.5
合计	118	100

在对“中小学教育”明确表达诉求的74位居民中，35.1%的人认为“学生负担过重”，20.3%的人认为“教育费用过高”，其次是“教育质量不高”和“好学校难进”。因此，对本市居民来说，适当减轻学生负担，降低教育费用是当务之急（见表4.5）。

表4.5　对当前中小学教育不太满意的原因　（%）

	频率	百分比
上学不方便	5	6.8
教育费用过高	15	20.3
教育质量不高	14	18.9
好学校难进	13	17.6
学生负担过重	26	35.1
其他	1	1.4

在对“政府管理服务”明确表达诉求的61位居民中，接近一半的人认为政府的“办事效率低”，其次是认为“腐败严重”，而另外一些原因，选择的人并不是非常突出。可见，居民对政府管理服务的质量评价最关注和诟病的是政府办事效率低的问题（见表4.6）。

表4.6　对当前政府管理服务不太满意的原因　（%）

	频率	百分比
办事态度差	7	11.5
办事效率低	29	47.5
收费不规范	3	4.9
办事不公道	6	9.8
腐败严重	9	14.8
其他	7	11.5

在对社区公共事务的评价方面，居民不满意的情况不是特别突出，仅有47位居民表达了不太满意的原因，反映比较强烈的是“社区服务设施少”的问题（见表4.7）。

表4.7　对社区公共事务管理不太满意的原因　（%）

	频率	百分比
社区服务设施少	21	44.7
社区环境较差	5	10.6
社区管理不透明	7	14.9
社区管理参与少	4	8.5
社区活动较少	7	14.9
其他	3	6.4

综合以上调查结果，可以发现居民对医疗卫生服务不满意的地方主要在于“看病贵”，对教育不满意的地方主要在于“负担重”和“上学贵”，而对政府管理服务不满意的地方主要集中在“效率低”。看病贵、看病难是全国各地普遍面临的一个棘手问题，海门的调查反映了这一现实。而教育在海门具有一定的特殊性，由于历史基础较好，海门市教育发展水平较高，教育资源分配相对均衡，学生的成绩也比较好，因此对海门市居民来说，上学难问题并不是非常明显，而上好学校难的问题也不是很突出，难点在于负担重和费用贵这两个具有中国特色的问题。

四、对政府的期望和要求

对政府的期望和要求，本次调查采取开放式问题进行询问，通过“为了使自己生活得更好，你期望政府做哪些事情”的问题，希望居民从自身生活出发提出对政府的福利期望。从这些现有答案中，我们采用关键字筛选的方式，筛选出被居民提到最多的一些政府公共服务事项，基本情况如下。

居民首先期望最多的是政府能在医疗卫生方面进行相应的改善，这与之前满意度数据所反映的情况是比较一致的。调查显示，居民共有 69 次提到“医疗”问题，期望政府能提高医疗服务水平、降低医疗费用、提高医疗保险比例、加大医疗卫生投入；54 次提到“看病”问题，期望政府能够解决看病难、看病贵的问题。合计（“看病”和“医疗”并未同时出现）共有 123 次提到“医疗卫生”等方面的期望。

其次是期望能够重视环境问题。居民共有 111 次提到“环境”问题，期望政府解决环境卫生比较差、环境污染严重的问题。这一点是发达地区遇到较多的问题。

再次是期望政府关注养老问题。居民共有 101 次提到“养老”问题，重点关注提高养老保险待遇、农村居民养老难等。

此外，居民共 93 次提到“路”的问题，排除一些不相关提法，提到“道路建设”的共有 89 次，提相应意见的主要是农村居民。

共有 57 次提到“收入”问题，重点关注提高农民收入、增加行业收入、增加老年人收入、缩小收入差距等几方面。

共有 57 次提到“房”的问题，问题主要集中在“降低房价”方面。

共有 41 次提到“教育”问题，问题集中在教育负担过重、教育投入过少等方面。

共有 38 次提到“物价”问题。

共有 32 次提到“就业”问题，主要是认为就业机会少。

综合上述可以发现，居民对政府的期望主要集中在医疗、环境、养老、道路建设、收入差距、住房、教育、物价、就业等几个方面。与之前“海门市迫切需要解决的社会问题”相比，该项调查分析出更多的公共服务需求，如住房问题、物价问题、道路建设问题等。但总体而言，该项调查与前面的调查相互印证，因此可以认为，海门市居民对医疗、养老、环境、收入差距、失业就业等一些重点服务领域具有较高的福利诉求，并且希望由政府加以解决。

五、分析

海门市属于江苏地区乃至全国较为发达的县级城市，全市的财政收入、居民的收入水平、消费水平都处于较高的层次，位于全国前列。海门市最近几年在民生事业上投入较大，2011 年，全市投入民生及社会事业方面的资金达到 10 多亿元，2012 年则达到 14 亿元，占本级财政支出预算的 30%，增幅达到 40%。2013 年，全市城镇新增就业 10 300 人，促进城镇失业人员再就业 3 869 人，城镇登记失业率 2. 86%，低于 4% 省控标准，新增农村劳动力转移人数 5 200 人。社会保障水平也是稳步提高，城镇基本养老保险参保率达到 97. 43%，基本医疗参保率 98. 88%，新农保参保人数 47. 01 万人，有 17. 89 万人领取农村养老保险金，全年发放养老金 2. 04 亿元，2012 年企业退休养老金平均水平已达到每月 1 490. 6 元。[①] 应该说，海门市的民生工作做得是相对突出的，2012 年海门市人社局还被国务院评为“全国新型农村和城镇居民社会养老保险工作先进单位”。

但尽管如此，海门居民对福利服务的诉求仍然较高，且重点集中在一些目前老百姓普遍关注，但却难以解决的一些重点难点问题上，尽管政府也投入了较大的资金、出台了许多政策，但依然无法满足老百姓的福利诉求。调查数据有几点值得我们特别注意：一是老百姓认为亟待解决的社会问题排名前三的是医疗、养老和教育，但在对五项公共服务的评价上，医疗和教育的满意度却最低；二是对医疗和教育不满意的原因，数据显示主要是“费用高”，分别高达 71. 2% 和 20. 3% 的人认为医疗费用和教育费用过高；三是在对政府的期望上（开放式问题），希望政府最先解决的事情首当其冲的是“医疗”，其次是养老；四是对政府管理的诟病主要是“效率低”。

综上信息，可以发现当前基层社会福利事业的一些基本问题。

第一，费用高、个人负担重是当下公众对社会福利事业的基本感受。这一感

① 以上数据来自海门市官网。

受已影响了公众对社会福利事业发展水平和政府治理水平的基本评价，集中反映了当前社会福利体系中个人与国家福利责任失衡的程度。

第二，公众对政府的福利行为有较高的期待。这种期待不仅停留在基本的生活保障上，还反应在对福利质量和服务效率等更高水平上的政策期待。该情况说明在社会生产力水平提高到一定程度后，老百姓社会福利需求的提高、增多与多元化，传统社会福利所擅长并重点关注的扶危助困的事业尽管依然重要，但已远远不足以满足今天发达地区老百姓的需要。

第三，尽管海门属于沿海发达地区，但政府管理和服务的模式和水平也依然存在一定的滞后，政府管理效率低、腐败严重依然为居民所诟病。在经济社会发展较快的情况之下，如何使政府适应不断变化的社会形势，适应老百姓的福利诉求，是当前正在飞速发展的中国普遍面临的社会问题。

海门这一县级样本对本研究的启示主要在以下两个方面：一方面，经济较发达地区或经济社会发展速度较快地区所遇到的社会福利问题将成为全国普遍面临的社会问题，如何提前应对这些问题成为政府未来的施政重点；另一方面，政府服务和管理相对滞后于经济社会的发展水平是当前中国普遍面临的社会问题，如何改革政府，提高政府公共服务的能力成为未来改革的重点。

无论是“压迫论”还是“滞后论”，所反映的是一个正在进入发达地区的城市所面临的服务和管理的压力，它正在转化为一种结构性压力对政府下一步的社会福利改革施加影响。

第二节　副省级样本：医疗服务诉求

上节的调查结果显示，医疗卫生服务是居民普遍关心的社会福利问题，相关研究也揭示了医疗卫生服务简单说就是“看病贵、看病难”的问题是各地群众关注的核心问题。最近几年，医药卫生体制改革是中央和地方各级政府着力推进的改革措施。从2009年开始，新一轮医药卫生体制改革拉开序幕，其目标是建立健全覆盖城乡居民的基本医疗卫生制度，为群众提供安全、有效、方便、价廉的医疗卫生服务，重点任务有五项，但从根本上来说是为解决群众最关心、最直接、最现实的利益问题，提高医疗卫生服务的可及性、公平性和公益性。

切实反映居民对医疗卫生服务的感受是改革的基本前提。当前，医疗卫生服务中的问题较多，但是居民普遍反映的是总体感受，比如“看病贵、看病难”，但至于如何贵，如何难往往缺乏细致区分。现有的调查研究也往往并未区分医疗保障、药品服务、诊疗服务等具体细节，居民对医疗服务的不满往往汇集在医院和医务人员的身上，这使得改革的方向非常不明确。有鉴于此，课题组借由卫生部开展的公立医院改革基线调查和试点评估调查的时机，对深圳市居民医疗服务的诉求进行了问卷调查，试图以此来反映一个经济发展水平和政府管理理念较为先进的地区，老百姓对福利服务的评价状况和相应诉求。

一、调查情况介绍

2009年12月22日至30日，调研组对深圳市一家三级公立医院的门诊和住院患者开展了第一次问卷调查。此次调查的主要目的是了解门诊和住院患者对医院服务的总体评价，不涉及医疗服务的全部内容，如社区卫生服务等，仅指在公立医院就诊的经验。调查的样本量为门诊与住院患者各200份，门诊患者的样本选取采用在医院交费处偶遇抽样的方法抽取病例进行调查，样本需为已完成就诊的患者，但不包括急诊患者、意识不清楚、无法正确理解和回答问题的独自就诊患者。住院患者的样本为已经完成住院诊治、即将出院的患者，包括自己要求出院的患者，但不包括意识不清楚、无法正确理解和回答问题的独自住院患者，因体检住院者和尚未完成本次住院诊疗程序的患者。为保证调查的科学性、有效性，调查队伍由调查员、调查组长、问卷核查员共同组成。问卷核查员每天对调查进行实地督查，每天调查结束后，调查员、组长与核查员对问卷进行三次核查，以确保有效无误。此次调查共收集有效门诊患者问卷211份，住院患者问卷209份。

2012年2月22日至3月1日，调研组对同一家医院以同样的方法、同样的问卷进行了二次调查，此次调查与上次的最大不同在于调查员和调查组组长有所变动，可能会在一定程度上影响调查结果。本次调查共收集有效门诊患者问卷203份，住院患者问卷215份。两次调查数据可进行一定程度的比较，以此对政府医疗卫生服务的改革成效进行评估。

二、市情介绍

深圳位于广东省南部，是珠三角地区的重要城市。北与东莞、惠州接壤，毗邻港澳，与东南亚隔海相望，是全球瞩目的加工制造和出口基地。深圳市的地理和社会位置决定了其发展有两个重要的特点：一是深圳的发展是整个珠三角地区经济社会发展的重要一环，珠三角各城市之间经济、文化与社会生活的交流与互动日益频繁，极大地影响了深圳市公共服务的供给；二是深圳的发展与香港密不可分。由于地缘因素的影响，近几年，深港合作的广度和深度在加大，香港社会服务的经验与模式也深深影响了深圳公共服务的改革。

深圳的经济发展速度举世瞩目，国民经济收入从改革开放以来一直保持稳定增加，年平均增加值在25%以上。深圳市的经济实力一直稳居全国前列，地方财政一般预算收入自2000年以来一直位居全国前三。但另一方面，深圳发展的速度从20世纪90年代末开始，增幅开始放缓。

深圳居民人口结构有两个重要的特点，一是人口结构偏年轻型，平均年龄只有30岁左右；二是外来人口多，户籍人口与非户籍人口严重倒挂。2010年深圳市常住人口共有1 037.2万人，其中户籍人口仅为251.03万人，占总人口的24.2%。这一人口结构的特点深刻影响了深圳市医疗卫生服务的发展。

三、医疗服务满意度及诉求

（一）医疗保险作用未充分发挥

深圳市医疗保险已实现居民全覆盖，按理来说，医保支付应该是公立医院收入的主要来源，但是调查显示，深圳市公立医院收入尽管近几年一直在不断上升，但其中来自医疗保险的费用仅为1/3左右，如表4.8所示。

表4.8 近年深圳公立医院业务收入中来自社会医疗保险系统支付的费用所占比重（%）

年份	市级医院	区级医院	全市汇总
2007	31.1	25.6	28.7
2008	34.3	28.9	32.8
2009	35.9	33.7	35.3
2010	37.9	32.8	36.3

资料来源：深圳市卫人委提供材料。

据卫人委统计，2009年，全市医疗门诊、住院持卡就医人次只占门诊总量、住院总量的33%、35%。其原因主要是就医人员中的自费病人比例较高，存在大量的短期务工人员和外地就医人员，如随子女来深圳生活的老人等，此外香港、东莞、惠州等地居民也有来深就医的情况。据社保部门统计，自费就医人员主要是非深户人员，占自费就医人群的95.5%，其中80%是非从业人员。这一情况在本次的问卷调查中也有印证，如表4.9所示。

表4.9 患者是否是本地居民的情况 （%）

	本地居民	非本地居民	总计
门诊患者	40.89	59.11	100.00
住院患者	33.33	66.67	100.00

调查显示有超过一半以上的门诊和住院患者根本不是本地居民，这种情况与深圳市人口特点密切相关，但也与深圳的区域位置有关，也反映了全国社会保障的一个普遍问题。

调查数据具有极高的指示意义，它说明了在现有社会流动速率极高，区域化发展极强的情况下，以户籍所在地和就业单位为基础的保障政策通常无法起到真正的保障作用，因此仅以社会保险的覆盖率和报销水平来指示社会保障发展水平是远远不够的，实践中许多老百姓往往是有保险但不使用社会保险的，尤其是医疗保险，居民断保、退保、不使用保险的情况非常普遍。因此，建立更加灵活、方便、覆盖广泛、可以携带、统筹层次高、能够异地报销的社会保障体系是未来亟须考虑的重点。而这些对中央政府的社会福利责任有极高的要求，期待改变当前中央和地方在一些关键公共服务上的责任划分，更具体的是对财权与事权相匹配具有极高的政策期待。

（二）“看病难”与“看病贵”是最大不满

为便于计算患者对医疗服务的满意度水平，我们略去个别无法计算态度的问题，将在各类问题中选择“说不好”“未接触”“未涉及隐私”“说不清”“没有提出过要求”的患者排除出去，将其视为没有明确态度的人。同时，将“很满意”赋值100，“比较满意”赋值80，“一般”赋值50，“不满意”赋值20，“很不满意”赋值0，将每个问题的回答选项所占的比例与相应的赋值相乘后加总，计算出各项的满意度水平。

表 4.10　2010 年深圳市门诊患者医疗服务的满意率及满意度水平　（%）

项目	满意率	满意度
总体看，您对医院的就诊环境是否满意	78.57	73.33
您此次看病时感觉在医院候诊所花时间长短如何	27.45	45.44
您认为给您看病的医生的态度如何	81.99	76.30
您认为接待您的护士的态度如何	80.73	75.84

续表

项目	满意率	满意度
此次看病时您个人隐私得到的尊重如何	80.55	74.61
此次看病医务人员对您病情解释的清晰程度如何	68.91	71.39
医务人员对您提出要求的反应，您是否满意	75.52	72.87
您对医生医疗技术水平的信任程度如何	80.11	75.87
您对此次就医所花费的医疗费用如何评价	62.12	68.99

从表4.10中可以看出，门诊患者对就医过程和提供服务的评价最高的为“医生态度”，评价最低的为“候诊时间”和“医疗花费”。各项评估都未达到“比较满意”的水平，总体满意度得分为70.16分。从调查结果可以发现，居民对医生和护士看病的态度、医术并未有较高的不满，实际问题主要表现在候诊时间和医疗费用两个方面，也即是看病“难”和“贵”，这一发现与之前海门调查的结果是一致的。同样的结果也反映在其他地区的调查上，表4.11分别为镇江市和西宁市的调查结果，可以分别反映东部和西部地区医疗卫生服务的评价状况①。

表4.11　2010年镇江市与西宁市门诊患者对医疗服务的满意度水平　（%）

问题内容	镇江	西宁
总体看，您对医院的就诊环境是否满意	90.52	85.56
您此次看病时感觉在医院候诊所花时间长短如何	69.67	68.09
您认为给您看病医生的态度如何	93.11	91.64
您认为接待您的护士的态度如何	92.84	88.06
您此次看病时您个人隐私得到的尊重如何	93.05	90.95
您此次看病医务人员对您病情解释的清晰程度如何	91.01	92.68
医务人员对您提出要求的反应，您是否满意	93.69	91.20
您对医生医疗技术水平的信任程度如何	90.00	89.06
您对此次就医所花费的医疗费用如何评价	45.43	54.54

① 镇江与西宁的调查结果来自于评估项目中其他成员的调查资料，引用经过本人同意。

深圳病人对候诊时间数据显示，203名门诊病人中，挂号时间平均为10.25分钟，其中挂号时间花费半小时及以上的有21人，占10.34%。等待医生看病的时间平均48.87分钟，其中56人的等待时间在1小时及以上，占27.59%。而与此相对比，医生的看病时间平均只有9.72分钟，其中有约125人医生看病的时间低于10分钟。因此，通常所说的“看病难”问题，最为明显的就是等待医生看病的时间太久，这显示了医疗资源严重不足。

2012年的第二次调查也反映了同样的问题，但是与第一次调查时相比，门诊患者的挂号时间缩短，但是等待医生看病的时间增长，如表4.12所示。这种情况说明，医疗资源总量不足、配置不均衡是最突出的矛盾，而这一矛盾实际上也是当下公共服务的基本矛盾。

表4.12　基线调查与评估调查门诊患者挂号、等待、看病平均时间比较　（分钟）

	基线调查2010年	评估调查2012年
平均挂号时间	17	10.25
平均等待看病时间	42	48.87
平均医生看病时间	8.6	9.72

2012年调查结果与2010年调查结果相比较，“此次就医所花费医疗费用”项目外，其余项目的满意度都均有上升，上升基本在10分以上，但总体而言，候诊时间和医药费的花费仍然是评价最低的两个项目，其中医药花费的感受度甚至变得更差，与改革预期不符，如表4.13所示。

表4.13　2010年基线调查与2012年评估调查患者满意度比较　（%）

项目	2010年	2011年
总体看，您对医院的就诊环境是否满意	73.33	84.29
您此次看病时感觉在医院候诊所花时间长短如何	45.44	54.03

续表

项目	2010 年	2011 年
您认为给您看病的医生的态度如何	76.30	87.7
您认为接待您的护士的态度如何	75.84	89.2
此次看病时您个人隐私得到的尊重如何	74.61	93.01
此次看病医务人员对您病情解释的清晰程度如何	71.39	86.14
医务人员对您提出要求的反应，您是否满意	72.87	87.26
您对医生医疗技术水平的信任程度如何	75.87	87.82
您对此次就医所花费的医疗费用如何评价	68.99	62.38

四、分析

深圳市这几年中在医疗卫生服务上资金投入和体制改革的力度都比较大。由于经济发展和财政收入增长速度较快，深圳市对卫生事业的投入力度比较大，财政补偿相对比较到位。试点初期，2010 年政府卫生投入 60.79 亿元，比上一年增加 93%，接近一倍。在各项支出上有明显增长的是“其他医疗卫生支出”，经过核实，该笔支出涵盖了大量新建、改建、扩建医院的费用。在政府的努力下，医疗卫生机构的资源增速明显，2007 年以来，医疗机构从 2 335 家调整增加到 2 409家，2011 年就比 2010 年增加了 26 家，其中增加了 3 家三级医院。从社区卫生服务机构的数量来看，2008 年社康中心已经覆盖全部社区和人群，2011 年更是达到 605 家。2007 年以来，床位数年均递增 7.42%，2011 年达到 24 079 张。从医务人员的配置来看，2007 年到 2011 年，卫生技术人员以年均 5.76% 的速度递增，其中医师的年均增速为 5.59%，注册护士的年均增速达到 8.51%。应该说，从全市医疗卫生服务体系的发展来看，深圳市的完成状况是非常好的。

但深圳市的实际状况使医疗卫生事业的发展总体上与老百姓的需求还有一定的差距。调查数据反映了许多有价值的信息。第一，患者对医务人员的满意度并不低，这与一般媒体宣传的有所差距。说明当下医患矛盾的根源并非是“态度”

问题而是更加深层的体制问题；第二，患者对“看病贵”和“看病难”的反映比较突出，满意度最低。印证了社会的常识判断和之前我们在县级样本中的发现，说明在医疗责任方面，个人和家庭承担了大部分责任，已“力不从心”，期待国家责任的进一步补位；第三，至2012年，深圳市公立医院改革试点在“看病贵”和“看病难”这两大问题上并没有明显改善。

在深圳市医疗卫生投入较大、医保覆盖率较高、基层医疗服务体系相对完善的情况下，居民对医疗卫生服务依然存在较大的不满，说明医疗卫生事业的发展离老百姓的实际需求仍有较大的距离，也折射出当下社会福利体系改革存在的一些不足：

通常来看，政府福利责任的加强往往首先表现在财政投入的加大、保障范围的扩大和制度的健全，中国也不例外，这是对改革开放以来政府福利责任过度收缩的一种矫正。但是深圳的调查显示，尽管医疗保障越来越健全、保障范围和程度不断提高、政府的医疗卫生投入也越来越高，社会公众对医疗服务的体验度却并未明显改善。究其原因，一是因为当下医疗服务的核心问题已不再是政府投入不足和医疗保障不全，而是医疗服务供给模式不符合社会发展需要的问题。如果旧医改的失败是政府投入严重不足、医疗保障力度不够的话，新医改在一开始即对以上两个方面进行了重点改善，改革的核心已变成体制机制理顺和医疗服务市场的有序发展的问题，这些仅靠政府的强投入是无法解决的，它期待更为精细化的服务模式改革和更加公平和有效率的市场配置；二是说明尽管政府在福利供给中的作用非常重要，但福利服务的总体供给质量和效率却并不完全取决于政府一方。如医保作用的发挥受限，提示医疗保障并轨、统筹层次提高和支付方式改革已迫在眉睫，而这对中央与地方福利责任的再平衡，政府各部门职能的整合与协同提出了较高的要求。而以上所有问题都围绕着一个核心命题——政府职能转变，具体到福利领域即是国家或政府福利角色的转变。

通过对县级样本和省级样本公众福利需求的调查，我们可以发现当下福利改革或者说政府福利责任转变的一个基本“社会环境”：社会公众对公共服务的要求越来越高，期待多元化、高水平、高效率的福利服务供给；社会公众对政府的福利责任具有较高的政策期待，这与我们的福利传统有关，与我们的传统文化有关，也与我们的政治社会管理模式有关；社会公众对政府福利角色的转变有更加复杂的要求，而不仅是资金投入和政策投入。

接下来，我们将从具体领域中的福利改革入手，分析国家福利责任转变的几个不同层次。

第五章　从撤退到回归：养老保障中国家责任的转变[①]

本章将从整体层面，对改革开放以来中国社会政策体系改革的历程进行分析，为便于说明问题，将主要以养老保障为例。在第三章中，我们已经对社会政策的变迁趋势进行了整体脉络上的梳理，在本章中，研究将重点分析自改革开放以来国家责任转变的具体过程，并将印证第三章的结论。此段历史将主要关注从改革开放以来到党的十八大之前的一段时间，该阶段可以划分为两个时期：一个是改革开放初期，即从20世纪80年代初到20世纪末；另一个是21世纪新时期，即从21世纪开始特别是党的十六大以来的一段时期。关于党的十八大以来的发展，由于呈现出新的历史性变化，特别是2014年随着新常态的来临，社会政策改革正在面临着新的历史调整，这部分内容将在本研究的最后进行展望。

从世界范围来看，社会政策的发展一直在国家干预与社会自我负责之间左右摆动，在意识形态、经济发展和社会结构转型的时代背景下经历着复杂的转型。有关“国家”在社会福利体系中的角色基本有两大观点：其一是以自由主义为代表的主张个人应为自身福利负责，主张自由放任、减少国家干预的观点；其二则是以凯恩斯国家干预主义为代表的主张国家聚集资源，并对社会福利承担主要责任的观点。福利发展的历史经验证明，对国家角色的认识通常处于自由主义和

① 本部分的主体内容发表在《中国行政管理》2012年第6期，这里做了扩充和修订。

国家干预主义谱系中的一点，而并不绝对排斥市场或国家的作用，但相当长时间以来，对国家角色的定位却往往与市场角色紧密相连。20 世纪 70 至 80 年代，福利多元主义（Welfare Pluralism）将国家角色置于一个更加多元化的结构之中，认为国家可以与市场、公民社会和非正式支持网络一起共同承担福利供给的责任，而国家责任的内容则可以在服务提供、资金筹集和制度约束等三个不同的方面展开。福利多元主义对 20 世纪 70 年代以来资本主义福利国家的改革具有重要的解释意义，它所主张的私营化和地方分权化也成为许多国家福利改革的实践。

在我国，20 世纪 80 年代以来的社会福利改革似乎一直深受自由主义的影响，试图通过国家收缩、引入市场机制的方式达到构建新型福利体系的目的，市场化的特征明显。但自从 20 世纪 90 年代末特别是进入新世纪以来，这一趋势却开始出现明显的转变，国家干预在社会福利领域中越来越明显。图 5.1 显示，在改革初期，国家财政用于抚恤和社会救济福利方面的支出占国民收入的比重不断下降，从 1978 年的 0.52% 一直滑落到 1996 年的 0.18%，甚至在 2000 年之前都一直在 0.2% 以下徘徊。但是自进入 21 世纪之后，这一趋势却开始强力反弹，到 2006 年已达到 0.43%。国家收缩的趋势似乎发生了明显的转变。

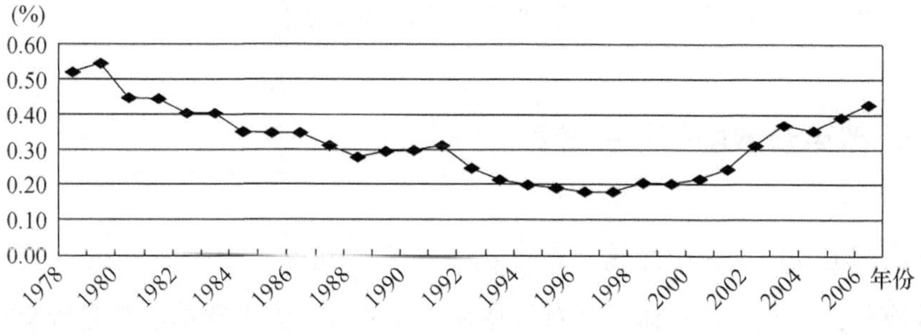

图 5.1　1978 – 2006 年国家财政用于抚恤和社会救济福利的支出占 GDP 的比重

* 图中所用“社会救济福利”支出的指标并不包含抚恤支出、离退休费和救灾费。

* 资料来源：《中国财政年鉴 2005》《中国财政年鉴 2010》。

本章对国家责任的分析主要依据“社会福利责任结构”的概念框架进行，

重点从两个维度分析：福利责任的承担主体和福利责任的具体类型。从前者来说，研究将重点关注国家责任相对于其他责任主体的变化；从后者来说，研究则将重点关注国家在资金筹集方面的责任变动。文章试图通过对新中国养老保障政策变迁，特别是其资金筹集方式的分析，更为具体地考察国家责任的结构性转变，并以此透视社会福利政策的变迁。

第一节　国家责任的转变：新中国养老保障政策的变迁

新中国成立之后，中国的社会政策改革至少经历两次较为明显的转折。第一次转折发生在20世纪80至90年代，这是从传统计划经济向现代市场经济跨越的关键时期。与改革前相比，该时期的社会政策改革呈现出明显的国家收缩的特征，主张政府责任的有限性，强调个人和社会的责任。第二次转折则发生在20世纪90年代末特别是进入21世纪之后的和谐社会建设时期，与改革初期相比，该时期的社会政策改革以国家责任的适度回归为重要标志。

一、改革开放前的社会政策

新中国成立以后，中国逐渐建立起了一套“国家—单位”式的社会政策体系，政府的强干预是这一体系的首要特征。在城市，大多数单位都是国有的企事业单位。资料显示，1956年，有将近81.4%的劳动者在国有单位工作。即使是1979年，全民所有制单位职工的比例也达到了77.2%，国家则通过单位将各项福利传送给职工，全民所有制单位职工的劳保福利费已相当于职工工资总额的17.4%。1951年，我国颁布了《中华人民共和国劳动保险条例》，1955年国务院又颁发了《国家机关退休人员处理暂行办法》和《国家机关工作人员退职处理暂行办法》，要求企业、各级人民政府及相关事业单位建立相应的保障制度。至此，覆盖政府与企事业单位的城市养老保障制度基本建立。资料显示，1956 年，劳动保险已覆盖了城市中约 94% 的职工。

而与城市相比，中国农村的养老保障制度却一直比较滞后，家庭和土地是农民主要的养老资源，除此之外，并无法定形式的保障制度，国家责任相对缺失。农业合作化以后，集体成为承担农民福利保障的重要载体，针对一些无依无靠的老人，1956 年建立了相应的“五保制度”，其资金主要来源于村集体。因此，农村的养老保障是一种集体与家庭共同负担的模式。

从资金筹集的形式来看，“现收现付”制是当时养老保障制度的主要原则，即个人不需要为退休金进行强制储蓄，而其退休金也与自身的工作贡献没有直接关系。国家制定出一个相对平均的养老金给付体系，并由单位按照相应的标准统一给付给职工。这是一种相对平均、普惠式的保障形式，个人责任并未直接体现在养老金的给付标准之中，而是更多地体现了企业和政府的责任，而由于企业在当时具有强烈的国家所有的特征，因此该时期的养老保障制度所体现的更多地还是国家的责任。国家以一种全能主义的姿态，几乎在垄断性地提供社会福利。但是这种状况在改革开放以后逐渐被改变。

二、国家收缩：第一次转折

20 世纪 80 至 90 年代，社会政策改革受到经济体制改革的深刻影响。在整个经济体制改革的过程中，转变企业的生产和经营方式成为中心环节，党的十三大报告指出，要围绕这一中心环节分阶段地进行各方面的配套改革，而社会保障制度正是这一配套体系中的重要一环。无论是 1993 年的《中共中央关于建立社会主义市场经济体制若干问题的决定》，还是随后的《关于 1994 年经济体制改革实施要点》《关于 1995 年经济体制改革实施要点》和《中共中央关于制定国民经济和社会发展“九五”计划和 2010 年远景目标的建议》等，都主张社会政策应按照效率优先兼顾公平的原则进行改革，主张建立起与生产力发展水平相适应的社会化的保障制度。从政策导向来看，该时期的福利改革呈现出市场化和多元化的特点，政府的有限性和个人应为自身负责的理念不断被强调。

从城市养老保障来看，1986 年国务院颁布了《国营企业实行劳动合同制暂行规定》，要求企业统一实行劳动合同制，而合同制员工的退休养老则实行社会保险制度，养老金的筹集由企业和劳动合同制工人自己缴纳，不足时由国家适当补助。该政策打破了传统的就业终身制，也打破了工人与单位之间的依附关系，使个人通过单位获得福利保障的可能性大大降低，计划经济时期“国家—单位”式的保障模式受到了冲击。最重要的是，由于社会养老保险的实施，“个人责任”被凸显出来，无论是企业还是个人的缴费都要与个人的工资水平挂钩，“多劳多得”的原则得以彰显。1993 年，《中共中央关于建立社会主义市场经济体制若干问题的决定》进一步明确养老保险金应由个人与企业共同负担。企业和个人责任的凸显与政府责任的缩减成为这一时期的城市养老保障改革的重要标志。

理论上讲，这一改革取向在当时是科学和理性的，但是从实践发展的情况来看，却带来严重的社会问题，如转制过程中的“空账”、保障制度的碎片化等。最为严重的是，大量的劳动人口在这一改革过程中被抛到了养老保障体系之外，如大量的新型经济组织和社会组织中的职工、国有企业下岗职工和日益增多的进城务工人员等。与改革前相比，该时期城市养老保障的覆盖面非常狭窄。

随着集体经济的削弱，农村的养老保障体系也面临越来越多的挑战。人民公社的解体不仅使农民靠“集体”获取保护的可能性大大降低，也使长期以来的“五保制度”面临资金来源的危机。1994 年的《农村五保供养工作条例》和 1997 年《农村敬老院管理暂行办法》的颁布，规定“五保制度”所需经费和实物应当从村提留或者乡统筹费中列支，有集体经营项目的，从经营收入和利润中列支。但是该政策并没有从根本上改变农村养老保障由“集体负责”的原有状况，仍然缺乏国家财政的有效支持。尽管该时期国家也开始探索建立农村社会养老保险制度（老农保），尝试推行“个人缴纳为主，集体补助为辅，国家予以政策扶持”的养老保险。但是由于该制度本质上依然是农民自我储蓄式的养老模式，缺乏集体特别是国家财政的有效支持，因而导致其始终在低水平、低覆盖上运转，并未起到理想中的保护作用。1999 年，国务院叫停该制度，农村养老保险进入停滞期。究其根源，国家责任的缺位是导致该制度失败的重要原因。

值得注意的是，该时期国家开始鼓励“社会力量”参与到福利服务中来。从 20 世纪 80 年代开始，大量社会组织在中国以爆炸性的速度增长，1988 年我国共有各类社会组织 4 446 个，1990 年这一数字已达到 10 855 个[①]，大量的民间福利机构开始频频出现。种种迹象表明，由于国家的撤出和政策环境的宽松，各种社会力量开始尝试去承担政府转移出的福利责任。但遗憾的是，由于缺乏有效的资源支持和良好的政策环境，这些社会力量的发展极其缓慢，并未有效地承接起政府转移而出的福利责任。有关这一问题的相关研究颇多，这里不再赘述。

该时期的改革具有明显国家收缩的特征，即强调政府责任的有限性，主张个人应为自身的福利负责，因此政府的责任被不断弱化，而个人、家庭与社会的责任则被过分强调。国家收缩是一种相对意义上的收缩，即相对于不断增长的社会福利需求的增量收缩，国家对社会福利的投入远远滞后于经济的发展速度，也滞后于社会的福利需求；这一收缩也是资金、政策和服务上提供的全方位收缩，政府在投入、制度覆盖和服务供给上都是一种退出的姿态。这是一种典型的自由主义式的改革，这一改革取向在随后的几十年里带来了严重的社会问题。

三、国家回归：第二次转折

世纪之交，国有企业改革进入了攻坚阶段，市场经济体制改革的进一步深化面临着配套设施不健全，特别是社会保障体制不健全的问题。而经济的发展、社会的进步则把社会公平、公正等问题提到了与发展问题同等重要的位置上来，积极构建社会主义和谐社会成为新世纪党和政府工作的重点。在新的社会形势下，社会政策改革开始重视国家在社会福利中的重要作用。从 20 世纪 90 年代末开始，政府即不断加大对社会民生事业的投入，同时出台一系列相关政策完善社会

① 资料来自人力资源和社会保障部部长授课讲义。

保障体系、支持社会力量发展。图 5.2 显示，自 1998 年以来，政府社会保障支出开始以年均 28.3% 的速度增长，其中社会保障补助支出的增长速度达到 39.3%，社会保障总支出占财政总支出的比重从 1998 年的 5.16% 上升至 2002 年的 11.5%。与改革初期相比，政府角色有了明显调整，国家干预在社会福利领域中的特征日益明显。

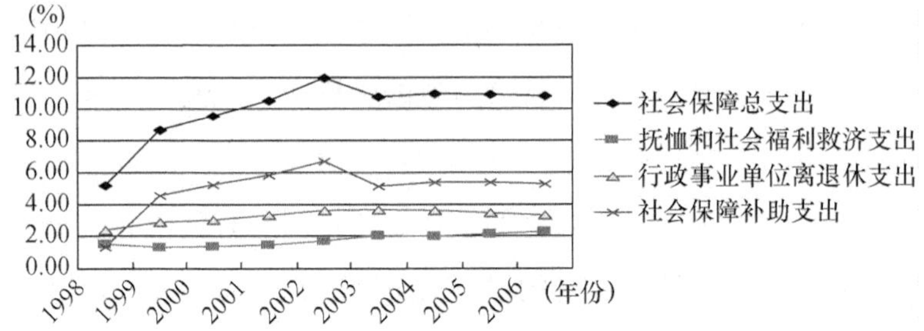

图 5.2　1998—2006 年中国财政社会保障支出情况统计

注：资料来源：《中国财政年鉴 2010》。

2007 年以后年度社会保障支出科目口径与以前年度不一致，因此不具可比性。

以下将从三个方面来具体分析国家责任在养老保障政策中的变化。

第一，在国家的努力下，城市职工养老保险的覆盖面开始不断扩大。该时期社会政策改革的主要目标是建立一个能够适应市场经济需要的统一的保障体系，以利于劳动力的自由流动和劳动力市场的稳定。养老保障的覆盖面必须要不断扩大从而覆盖更多的人群，包括非公企业职工和农村务工人员。2000 年的《关于完善城镇社会保障体系的试点方案》中明确规定要逐步扩大养老保险的覆盖面，覆盖灵活就业人员和个体工商户。2007 年国家颁布新的《劳动合同法》，对企业缴纳社会保险费做出更加明确和严格的限定。在各项措施的共同作用下，从 20 世纪 90 年代末开始特别是 2002 年以来，城镇职工养老保险的覆盖面开始大幅度增长。

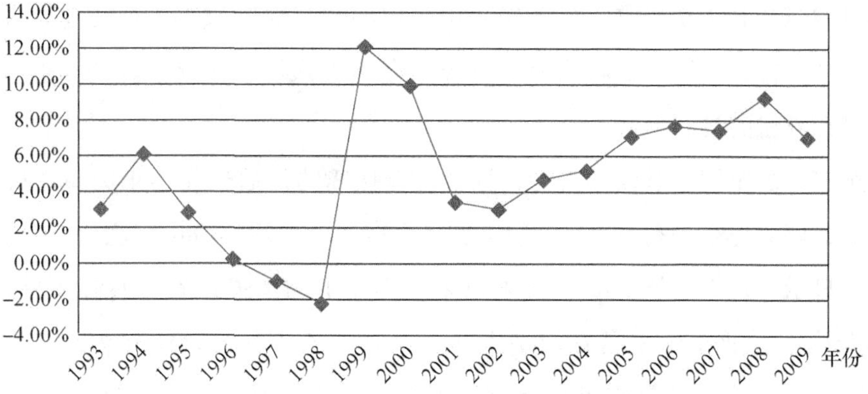

图 5.3　1993—2009 年城镇职工参加基本养老保险人数的年增长率

资料来源：《中国劳动统计年鉴 2010》。

在老龄化不断加剧的情况下，逐步坐实个人账户，提高养老保险的统筹层次也成为这一时期的重要工作。2000 年的《关于完善城镇社会保障体系的试点方案》中对个人和企业的缴费责任进行了更加明确的界定，个人缴费比例进一步提高到 8%，企业缴费全部进入社会统筹，而个人账户资金则全部由个人缴费形成。个人账户和统筹基金分开管理，统筹基金不再透支个人账户，基金用于现收现付，同时鼓励个人多缴多得，由此而产生的资金缺口经核实后由中央给予补助。这一点突出反映了国家责任的回归。

第二，国家推动建立一些新型的养老保障制度，以覆盖原有无法纳入保障的人群，如新型农村养老保险、城镇居民养老保险等。与以前不同的是，国家责任在这些新型保险制度中被明确凸显出来。以新农保为例，政府补贴在农民缴费和领取养老金时都有明确的体现。农民缴费时，政府补贴随缴费的档次不同的变化，补贴和个人缴费全部纳入农民的个人账户；领取养老金时，其基础养老金部分则全部由政府负责。在缺乏集体补贴的情况下，新型农村养老保险采取了“国家—个人”责任分担的形式，并突出强调了政府的责任，以政府补贴来带动农民缴费，和老农保相比是一大进步。此外，为避免农村税费制度改革给社保制度所带来的影响，政府决定加大公共财政对农村社会保障制度建设的投入。2006 年新修订的《农村五保供养工作条例》中规定的“五保”供养资金在地方人民政府预算中安排，实际上是将农村“五保”制度融入了现代社会救助制度，凸显了国家在农村的福利责任。

第三，由于国家财政的支持，社会养老保障的待遇也在逐年提高。从2005年开始，国家连续提高企业退休职工养老金待遇，平均年增长率达到10%以上。图5.4显示，自20世纪90年代末以来，企业平均离退休费一直在不断增长。1998年全国企业退休人员月均基本养老金只有413元，2004年为647元，从2005年开始国家连续每年提高企业退休金平均比例为10%，至2014年可达到2 000多元。[①] 各级财政对城乡居民基本医疗保险补助标准从2007年人均不低于40元提高到的2015年的380元；职工和居民基本医保的诊疗项目、用药范围、报销比例和最高支付限额都不断提高，在一定程度上缓解了“看病贵”的问题。此外，工伤、失业、生育保险待遇以及城乡低保和医疗救助标准也明显提高。

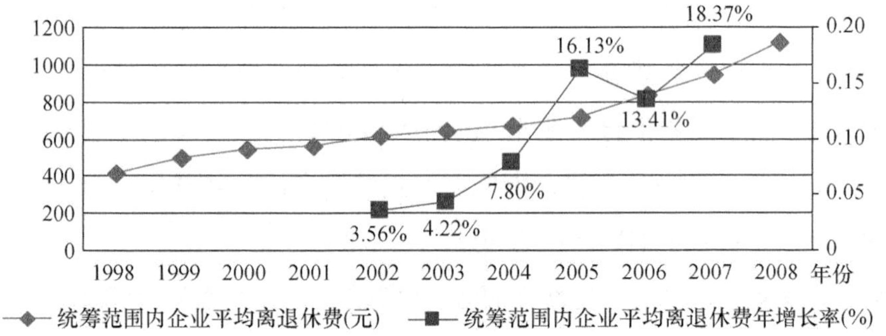

图5.4　统筹范围内企业平均离退休费增长情况

资料来源：《中国人力资源与社会保障年鉴2009》。

总体而言，该时期的养老保障改革开始凸显政府的责任，并重新调整政府、企业、个人以及社会组织之间的关系。政府责任的凸显首先表现在资金投入力度

① 资料来自人保部部长授课讲义。

的不断加大，同时在制度设计和管理上也表现得更加积极。此外，该时期的社会政策还为社会力量的发展创造了更多的政策空间，政府通过规范监督、资金支持、购买服务等各种方式，不断鼓励社会组织参与到社会服务中来。与改革初期强调市场化改革相反，该时期的改革更加注重平等与公平，主张通过政府主导、社会广泛参与的途径来弥补市场失灵所带来的社会发展不平衡的问题，国家正在改变其改革初期的收缩趋势，逐渐呈现出一种回归其责任本位的发展态势。许多学者认为中国正在构建一种政府主导、社会广泛参与的适度普惠型的福利体系。

第二节　国家责任的转变及其内在动力

一、国家责任的转变：从国家收缩到国家回归

中国养老保障政策的变迁历史十分清晰地展现了“国家”在改革的不同阶段所扮演的不同角色。计划经济时期，国家扮演了一个全能的、父爱式的社会保护角色；改革开放以后，国家开始收缩，个人和社会的责任开始凸显；进入21世纪特别是社会建设时期之后，国家开始重新回归，积极干预社会福利。

图5.5比较简化地呈现了在养老保障政策变迁中不同福利主体的责任变化情况，尤其是国家福利责任的增减。为简化起见，将企业组织、集体组织和非营利组织等统称为“社会”以区别于政府、个人（家庭），而这也符合实际工作中对“社会性力量”的指涉。简化图的纵轴为“福利责任”，横轴为“时间”，斜线为“福利需求”的变化。从中可以发现不同时期国家责任转变及其与其他责任主体相互关系的变化。

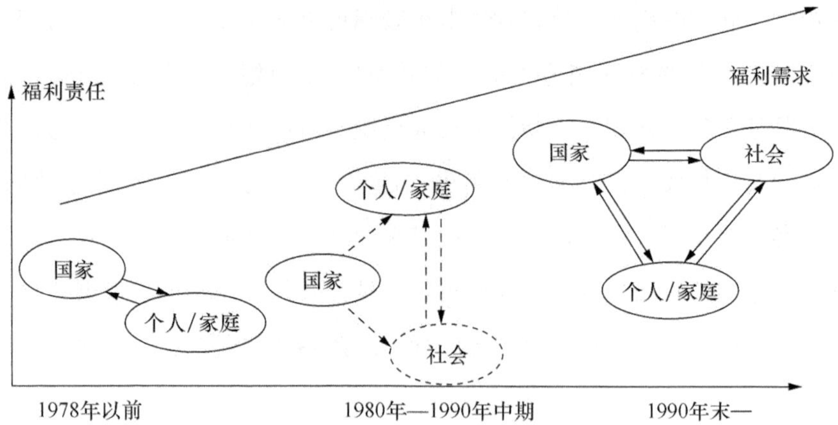

图 5.5　养老保障政策变迁中的国家责任变化

图 5.5 更为直观地展示了国家责任在不同时期的起伏波动，这一波动可以概括为从“国家收缩”到“国家回归”，收缩与回归都代表了一种相对意义上的转折，国家收缩是相对于计划经济时期的收缩，而国家回归是相对于国家收缩而言的回归。国家收缩本身的含义也是相对的，它首先是相对于经济发展的速度和不断增长的福利需求的收缩；此外，也带有一定绝对意义上的含义，因为在改革的过程中，许多人被甩出了社会保障体系之外，国家保护的范围和程度确实都在减弱。国家回归指的是国家回归本位承担其本应承担的福利责任，相对于国家收缩的趋势而言，国家回归通常表现为国家干预的增强。需要说明的是，国家回归并不是回到过去，更不是回到国家收缩之前的状态，它指的是国家责任适度的、有层次的回归，是寻求在资金筹集、服务提供和制度约束等方面与其他主体良性互动，共同承担福利责任的过程。

二、国家责任转变的内在逻辑

（一）福利供给失衡所导致的结构性压力

改革初期，中国的社会政策改革采取了一种效率优先的市场化逻辑，国家的责任不断地被减弱，而个人和社会的责任则不断地被强调。按照福利多元主义的设想，如果其他责任主体能够有效地承担国家让渡而出的福利责任的话，那么社会的总体福利并不会减少。但事实上，“其他责任主体”的承担能力却往往不尽如人意。就养老保障而言，一方面，民间力量由于缺乏足够的资源并未“及时地”成长起来；另一方面，家庭养老功能和传统社区支持的弱化却使得非正式的支持网络变得越来越艰难。因此在国家收缩、家庭养老功能弱化和民间力量发育滞后的情况下，养老保障领域内的福利供给产生了严重的失衡，失衡所带来的压力要求国家必须以更加积极的姿态承担本应由其承担的福利责任。

从更深层的角度而言，福利供给的失衡不仅仅表现在总量的失衡，它还表现为福利供给的多元结构并不适应中国社会发展的阶段性需求。从制度和文化的角度而言，不同的福利责任主体在承担福利责任的能力上本身就存在一定的差别，而社会公众对它们的接纳程度也各不相同。相对而言，对政府的信任和依赖程度较强，而对民间力量的信任则需要一定的时间。因此，在各方面条件还未成熟的情况下，政府过快地、过度地撤出，将会带来严重的断裂问题。因此政府承担必要的福利责任，并且帮助其他福利主体获得能力的增长和社会的信任，是中国社会福利多元格局形成的必由之路。

（二）社会转型期福利需求不断增长的外部压力

国家收缩所带来的福利供给短缺是相对于不断增加的福利需求而言的。事实上，在改革初期，由于国家收缩而带来的福利压力并不明显。但随着市场经济改革的不断深入和社会转型的加速，改革所带来的问题开始日益凸显，给社会的福利体系带来巨大的压力。就养老政策而言，老龄化的加剧、家庭功能的弱化和城市化的不断推进使社会总体的养老保障需求不断增加。社会福利需求的增加和社会福利供给能力的相对滞后进一步放大了福利供给失衡所导致的结构性压力。

（三）政府执政理念的不断发展

政策的变迁必须要通过政策制定者的意识和行动才能切实产生，因而与政府执政理念的转变密切相关。改革开放以来，党和政府对社会主义市场经济、对国家或政府的职能和角色、对社会性力量的认识和判断都在不断地走向成熟。改革初期，“经济发展”是中国的首要目标，而自由的市场经济是实现这一目标的重要手段，社会政策改革也必须要服从于市场经济改革，因此“效率优先”“兼顾公平”的原则得以彰显，而国家有限性和个人应为自身负责的观点则不断被强调，国家的收缩成为改革的必然。但是20世纪90年代末以来，公平与公正的问题开始凸显，积极构建社会主义和谐社会逐渐成为新时期党和政府的工作重点。正是在这一时代背景之下，社会政策在保障人民生活、维护社会稳定、促进社会公平等方面的作用日益凸显，中央和地方各级政府开始不断加大投入、加强管理、制定政策，积极推动社会福利事业的发展。

（四）国家财政能力的增长

国家财政能力的增长是国家责任能够转变的基础性条件。社会政策的发展要求分享更多的财政支出，也要求政府有能力调整财政收支结构，扩大公共服务的覆盖范围。改革开放后，中国经济取得了飞速发展，国家财政收入占国内生产总值的比重在1996年以后稳步增长，到2010年国内生产总值已突破40万亿元，跃居世界第二位。飞速发展的市场经济为中国建设社会福利事业累积了一个良好的物质基础，正是有了这样一个基础，政府调整收入分配，扩大社会保障覆盖范围，建设适度普惠型的福利制度才成为可能。

三、国家责任转变的实践意义

国家责任的转变导致新中国养老保障政策的变迁呈现出一个曲线式的变化轨迹，这一轨迹表明改革开放以来，养老保障政策改革并不是直线式的，而是一个有着明显波动的曲折过程。在这一过程中，国家责任的转变是其核心特征，也是导致其变迁的主要原因。

理解国家责任的转变对理解中国社会政策的变迁具有特别重要的意义，这不仅因为中国具有独特的政治体制、文化传统和组织特点，也因为国家、市场、公民社会与传统非正式支持网络的发育程度和相互关系在中国呈现出相当独有的特征。从社会政策变迁的历史来看，可以发现中国的社会政策改革具有明显的“自上而下”的特征，每一次重要的转折都与党和政府执政理念的转变密切相关，与政府对社会发展形势的判断密不可分，因此理解中国社会政策的变迁必须首先要理解中国政府、理解政府执政理念发展下的国家责任的转变。另外，改革开放以来的实践也表明，国家责任的转变从来都不是一个单方面的过程，它是建立在国家、市场、公民社会、个人与家庭之间互动的基础之上的。因此，应当从一个多元互动的角度去分析不同责任主体角色的转变，进而理解社会政策的变迁。

当我们看到国家责任回归所带来的良好效果时，也必须注意其可能带来的潜在风险。首先，国家回归不是回到过去，更不是回到计划经济时期国家垄断性提供社会福利的状态。“国家回归”是对改革开放以来“国家收缩”趋势的调整，是相对而言的具有增长取向的国家干预的加强。其次，国家回归是有层次的、适度的回归。有层次的回归指的是在福利责任的三个不同层面，即服务提供、资金筹集和制度约束等三个方面不同程度地回归。适度则指的是国家责任的回归应当是符合社会经济发展的基础和需要的。最后，国家回归也并不意味着替代或“挤出”其他福利主体的责任。恰恰相反，国家责任的调整必须伴随着公民社会、市场和传统支持网络的发展，形成资源配置的最佳组合。因此，必须要避免过度强调政府的能力和责任，而忽视社会的自我管理和自我负责的倾向。要警惕可能由于社会政策的过快和过热发展，而导致改革超出现有的社会经济基础，从而带来可持续发展危机的风险。因此，构建一个更加“适度”的社会政策模式亟需引起重视。

社会政策领域内国家责任的转变是相当独特和复杂的，任何普遍性的概括都有可能流于简单化和表面化，因而需要结合不同的福利项目从不同的研究视角出发去理解这一变化过程。通过对养老保障政策的分析，我们发现了国家责任在“资金筹集”方面的回归，但是这一趋势是否在其他福利领域、其他责任方面依然存在却是一个更加复杂的问题，需要更加深入细致地研究。

第六章　有限回归：城乡居民养老保障政策改革

本章将在上一章发现“国家回归”的基础上，对这一回归趋势进行更加细致地分析，时间主要关注 2014 年之前。通过对城乡居民养老保障政策变迁的对比分析，指出国家福利责任回归的“有限性”，丰富国家回归的内涵。

城乡居民养老保障政策经过了老农保、新农保、城居保以及城乡居民养老保障统筹发展等几个阶段，其中新农保之后的政策是在 2009 年之后产生，城市居民养老保险是在 2011 年试点，2014 年 2 月，中央决定将城市和农村居民养老保障并轨。因此，与之前缓慢进展的居民养老保障相比，国家在进入 21 世纪之后，对福利政策的干预明显增强，其正常铺开的速度、力度和广度都属空前。党的十六大确定了统筹城乡的目标后，国家在社会保障方面出台了许多新的政策、投入了较多的资金，使社会保障的覆盖面、待遇水平都有了大幅度提高，应该说国家角色比以前更加积极，国家的福利责任比以往更加凸显。但是深入分析也会发现，国家责任的凸显并不是整体性的，与老百姓的期望仍有一定的差距，与经济和社会发展的水平相比也有一定的距离。

第一节　国家责任的回归：新老农保对比

一、老农保历史及其问题

老农保是相对于新农保而言的。1986 年，根据国家“七五”计划关于“抓紧建立农村社会保险制度”的要求，民政部开始探索建立农村社会养老保险制度。1991 年，根据国务院指示，在山东省烟台市牟平县等地进行试点，取得了成功。1992 年，在总结试点经验的基础上，制定下发了《县级农村社会养老保险基本方案（试行）》（民办发［1992］2 号）（以下简称《方案》），并在全国有条件的地区逐步推广。《1992 年民政事业发展统计报告》中显示，当年年底，全国已有 1 000 多个县（市、区）开展了这项工作，其中 700 多个县制定了农村社会养老保险暂行办法，建立了专门机构，近 20 个县基本建立起了面向全体农民的社会养老保险制度。有 3 500 多万农村人口参加社会养老保险。

（一）老农保的筹资结构和支付结构

《方案》规定，农村社会养老保险制度“坚持资金个人缴纳为主，集体补助为辅，国家予以政策支持；坚持自助为主、互济为辅”的原则。这一筹资结构事实上是以农民个人缴纳为主的储蓄式养老保险，集体补助主要从乡镇企业利润和集体积累中支付，国家的政策扶持主要通过对乡镇企业支付集体补助予以税前列支体现。这种筹资结构所体现的是个人和集体的责任，由于集体责任往往视情况而定，因为“具体方法，由县或乡（镇）、村、企业制定”，且不具有强制性，因此事实上体现的是个人的责任。

养老金的筹资结构是多档次的，档次分别为月缴费 2、4、6、8、10、12、

14、16、18、20元等，供地区和投保人自由选择。但是实际推行情况发现，多数农民选择的是较低水平即2元的缴费标准。这与农民的生活水平、消费习惯和对社会保障的认识密切相关，在没有相应激励和诱导政策的前提下，缴费水平偏低是农民的理性选择。

老农保的支付结构是完全的个人账户，《方案》规定“个人的交费和集体的补助（含国家让利），分别记账在个人名下”，因此养老金不含统筹即共济部分，这一点与社会保险的基本理念是相悖的，同时也限制了老农保资金进行整体投资以保值增值的可能。

养老金的基金管理以县为单位，保值增值主要是购买国家财政发行的高利率债券和存入银行，不直接用于投资。但是农村养老基金可以按照规定提取管理服务费，如《方案》规定，“县（市）成立的事业性质农村社会养老保险机构，地方财政可一次性拨给开办费，逐步过渡到全部费用由管理服务费支出。管理服务费按国家的规定提取并分级使用。”

2002年，劳动部和社会保障部的《关于印发2002年农村养老保险工作安排的通知》中指出，截至2000年底，全国农保基金积累总额198.58亿元，其中责任金191.53亿元（占基金总额的96.45%），调剂金7.05亿元（占基金总额的3.55%）。历年累计收取保费165.82亿元，基金运营收益32.76亿元。在198.58亿元基金中，存银行、买国债和交财政管理共158.99亿元，占基金总额的80.06%；非银行金融机构存款、购买金融债券和企业债券共22.55亿元，占11.35%；委托贷款、购买股票、直接投资和拆借挪用等其他资金共17.05亿元，占8.59%。从资产状况来看，可正常收回本息的基金184.53亿元，占基金总额的92.93%；收回本息有困难的基金12.7亿元，占基金总额的6.39%；已确定不能收回的基金1.35亿元，占基金总额的0.68%。可以发现，老农保基金的收益偏低，收益渠道极其有限，资金总量不足，调剂金比重太小，这些问题暴露出老农保在制度设计时所存在的根本缺陷。

（二）老农保失败的原因

一方面，老农保政策的推出确实受到了农民的普遍欢迎，民政部及各级农保政策的管理和经办人员在缺乏现代电脑技术支持的情况下，以手写录入的方式将农保政策逐渐在全国铺开。截至1997年年底，全国农村社会养老保险机构已达2 005个，建立养老金保险代办点33 140个。全年投保农民已达7 452万人，共有61.4万农民领取了养老保险金。全年保险收入42.2亿元，其中保费收入30.7亿元；全年养老金支出33 368万元；积累的农村养老保险基金已达139.2亿元。

另一方面，老农保在推行之初的设计漏洞使其一直在低水平上运转，无法真正起到保障农民老年生活的目的，较高的管理成本和较低的保障效果使越来越多的农民开始质疑该项制度。1999年，国务院叫停老农保，指出目前农村尚不具备建立养老保险的条件。十几年后，参加老农保的一些农民在达到退休年龄后发现自己所能领到的养老金只有几元甚至几毛钱，根本无法起到保障生活的目的。为什么老农保会走向失败？大量的研究总结了其经验教训，本文认为其根本原因在于国家或政府福利责任的缺失，导致其制度设计在一开始就存在缺陷，当然社会的变化等一些不可预计的因素也起了非常重要的推动作用。

1. 政府福利责任的缺失

第一，资金投入的责任缺失，使该制度成了农民自我储蓄的制度，缺乏吸引力与可持续性。老农保的筹资结构完全依赖个人缴费，集体补助为辅，国家只是政策扶持，这种设计没有体现国家在农民生活保障上所应有的责任。在城市职工养老保障中，除了企业职工的个人缴费之外，企业也负有一定的责任，且缴费比例往往大于职工个人，国家再对此进行政策扶持。但是在农村，由于缺少单位（如果将村集体视为一种“准单位”的话，村集体也只是履行有限的保障责任，仅对五保户等负责），农民往往只能靠个人缴费。在这种情况下，国家应当对农民的贡献予以肯定，以“集体主义”的方式对农民保障予以适当补偿。

第二，制度设计的责任缺失，缺乏完善的地方制度支持，没有采取强制缴费的方式等。因为考虑到地方财政特别是基层政府财政能力的参差不齐，考虑到人口结构和农民的社会保障习惯，老农保是按照“自愿”原则进行筹资的，这反映了制度设计责任的缺失。一方面体现在责任不足，许多地方没有对农保政策予以充分的重视，并没有出台相应的地方管理政策；另一方面体现在责任失误，政策设计不合理。

第三，管理规范的责任缺失。首先，没有做好资金的保值增值，当然其中不可控因素较多，但最重要的是政府甚至是从保障基金中提取管理费，使本来就杯水车薪的保障基金更加窘迫。其次，农保的管理和经办机构后来陷入了混乱状态，一定程度上与政府职能调整和管理责任不明晰有关。1998 年国务院机构改革，老农保的管理从民政部门移交劳动和社会保障部，在移交过程中出现很多不到位的情况。2002 年在农保正处于整顿阶段的时候，劳动和社会保障部曾发文指出少数省级管理机构管理体制没有理顺，一些地方甚至出现“民政部门管不了，劳动部门不想接”的情况。如“全国已有 24 个省、自治区、直辖市将农保机构职能划入劳动保障部门，其中，单独设农保处的有 13 个：北京、天津、河北、山西、黑龙江、山东、上海、浙江、重庆、湖南、安徽、江苏、云南；没有单独设农保处，行政职能合并到养老保险处或社会保险处的有 11 个：内蒙古、吉林、辽宁、广西、广东、海南、四川、福建、贵州、甘肃、西藏。职能已从民政部门划出，劳动保障部门还未接机构和人员的有 4 个：陕西、青海、新疆、宁夏；职能机构和人员留在民政部门的有 3 个：河南、江西、湖北。”① 管理中出现的较为混乱和复杂的情况，使本来就举步维艰的老农保制度在基层面临更加复杂的困难。

2. 基金保值增值的计划失败

按照《方案》规定，老农保政策的资金不能用于投资，只可以用于购买国家财政发行的高利率债券和存入银行，因此银行利率成为保值增值的关键指标。1992 年国有银行的一年期存款利率为 7.56%，到 1993 年 7 月达到 10.98%，应该说养老保险的增值空间是很大的，但事实上，从 1993 年开始，央行连续不断

① 劳动和社会保障部《关于印发 2002 年农村养老保险工作安排的通知》。

地降息，导致存款利率逐年下降，到2002年，银行的存款利率已经降到了1.98%。[①] 这种情况是制度设计之初始料未及的，导致农民个人账户中的资金没有达到正常增长的目标。同时由于物价上涨，特别是工资不断上调，与同期人的生活水平相比，个人账户的资金不断贬值，导致养老保障的基金累积无法起到保障生活的基本目的。

3. 完全个人账户不足以抵御风险

中国农民的收入普遍偏低，社会风险的意识较差，对于第一次推行的养老保险来说，缺乏认知度，参保动力和能力都不足。在这种情况下，仅靠农民自已储蓄缴费并不现实，不仅无法达到既定的保障水平，也缺少正常的共济机制，而且个人账户随着利率调整和收入水平提高存在较大贬值风险，增值也困难。

4. 政策稳定性差，可衔接性弱

1999年7月2日，国务院下发了《国务院批转整顿保险业工作小组保险业整顿与改革方案的通知》（国发［1999］14号），使农村社会养老保险工作的社会性基础发生了动摇，农民参保意识骤降，农保工作发展基本停滞，农村大量的经办机构、经办人员对该项工作的管理逐渐处于混乱状态。关于该项政策本身所累积的巨大资金、已经建立的参保基础和停滞之后的未来发展，也没有给出明确的发展规划，使政策的稳定性与可持续性受到损害，并埋下了未来农村社会保障政策发展的隐患。

二、新农保发展及其优势

2006年，党的十六届六中全会公布的《关于建立社会主义和谐社会若干问题的重要决定》中指出要到2020年“建立覆盖城乡居民的社会保障制度”，“有条件的地方探索建立多种形式的农村养老保险制度”。2007年，党的十七大报告

① 数据引自《中国1990年—2012年历年金融机构人民币存款基准利率变动表》，http：//www.chinacfo.net/cjnews/mj.asp？id＝A2012621143228523488。

中指出要“探索建立农村养老保险制度”。

2009年9月1日，国务院发布了《国务院关于开展新型农村社会养老保险试点的指导意见》（以下简称《意见》）。《意见》指出，新农保要遵循“保基本、广覆盖、有弹性、可持续”的基本原则，建立个人缴费、集体补助、政府补贴相结合的新农保制度，实行社会统筹与个人账户相结合，同时与家庭养老、土地保障、社会救助等其他社会保障措施相配套，以保障农村居民老年基本生活。2009年，目标试点覆盖面为全国10%的县（市、区、旗），以后逐步扩大试点，到2020年实现对农村的全覆盖。2009年试点开始，新农保工作在全国获得了农民的普遍欢迎，许多地区的老百姓甚至因为未进入试点而颇感不平。2011年两会的《政府工作报告》中，温家宝同志提出：“将新型农村社会养老保险试点范围扩大到全国40%的县，并力争到‘十二五’期末实现农村社会养老保险的全覆盖。”

（一）新农保的筹资与支付结构

新农保与老农保的最大区别在于筹资结构和支付结构不同，这是新农保在吸取老农保经验教训的基础之上获得的重大改变。实践证明，新农保的政策调整有效地回避了原有老农保的缺陷，取得了较好的政策结果，并在短时间内迅速覆盖全国，取得了前所未有的成功。

新农保的筹资结构由个人缴费、集体补助和政府补贴三个方面构成。政策伊始，个人缴费的标准分为年100元、200元、300元、400元、500元等5个档次，参保人自主选择，地方政府给予缴费补贴，多缴多补。政府补贴部分主要分“补出口”和“补入口”两部分，中央财政补出口，即全额支付每年55元的基础养老金，地方财政补入口，即对参保人缴费给予补贴，标准不低于每人每年30元，多缴多补，并可根据自身实际对基础养老金予以补贴，即补贴入口。

新农保的支付结构由个人账户和基础养老金共同构成，前者由个人缴费、集体补助以及地方政府补贴构成，后者则由中央政府补贴和地方政府适度补贴构成。这种组合既体现了个人为自己负责，多缴多得的自我负责，也体现了国家即政府对农民养老保险的应尽责任，是典型的混合模式。基础养老金保证了农民基本的生活水平，即使在试点时没有缴纳养老保险费，也可以领取55元/月的养老保险，是一项实实在在的惠民工程。

（二）新农保相对于老农保的优势

1. 政府福利责任的回归

第一，资金投入责任凸显。新农保的最大亮点在于政府补贴政策的到位，与老农保“政府政策扶持”相比，本次有政府真金白银的资金投入。不仅中央政府有投入，地方政府也有配套。对于缴费能力较差，参保积极性不高的农民，政府的补贴具有较好的引导作用，而55元不需任何投入缴费即可享受的基础养老金更是从整体上提高了农保政策的保障水平。

第二，制度设计更加精细。一方面制度设计的层次高，老农保为部门制度，新农保为中央政策，显然中央政策的力度要大，地方的配合度也高；另一方面对地方政府明确要求予以政策配套，如《意见》指出，“省（区、市）人民政府要根据本指导意见，结合本地区实际情况，制定试点具体办法，并报国务院新农保试点工作领导小组备案；要在充分调研、多方论证、周密测算的基础上，提出切实可行的试点实施方案，按要求选择试点地区，报国务院新农保试点工作领导小组审定。试点县（市、区、旗）的试点实施方案由各省（区、市）人民政府批准后实施，并报国务院新农保试点工作领导小组备案。”同时，《意见》还要求各地做好舆论宣传工作，运用通俗易懂的宣传方式，使这项惠民政策深入人心，引导农民积极参保。应该说，政府这次特别是中央政府对试点非常重视，在顶层设计上尽可能做到完善。

第三，管理规范责任凸显。一是不再提取管理费。《意见》要求“新农保工作经费纳入同级财政预算，不得从新农保基金中开支。”二是管理和经办机构更加规范。意见要求国务院成立新农保试点工作领导小组，各试点地区也成立领导小组，并要求各地政府将新农保列入当地经济社会发展规划和年度目标管理考核体系。要逐步建立统一的新农保信息系统，大力推行社会保障卡等，同时运用现代管理方式和政府购买服务方式，降低行政成本，提高工作效率。

2. 支付结构设计更加合理

老农保最大的问题是农民缴费的能力低，动力不足，仅靠个人账户不足以保障其未来生活，同时又缺少共济机制。但是新农保的基础养老金体现了国家特别是中央政府对农民的保障责任，且具有动态调整机制，可以引导农民自愿参保，并且保障一定的支付水平，使新农保在实施之初具有极高的吸引力。与此同时，中央政府的补贴也体现了一种统筹、共济的含义，是全国范围内的一种保障统筹。中央财政对东部地区补贴50%，西部和中部地区补贴100%，本身就是一种统筹。

但是，新农保也有一些与老农保共通的问题：一是基金的保值、增值依然缺乏有效的渠道，还是主要以存入银行为主；二是与其他保障制度的衔接仍不顺畅。《意见》指出了老农保与新农保的衔接问题，但对城镇职工养老保障、失地农民养老保障以及一些补贴扶助政策如计划生育奖励扶持、五保供养、低保、优抚等政策的衔接方案却并未给出，实践中往往是地方各有政策。随着形势的不断发展，这些碎片化的问题至党的十八大之后才得到明显的改善。

三、城保发展及城乡统筹中的国家责任

（一）城市居民养老保险试点

2011 年 7 月，国务院决定开展城镇居民社会养老保险试点，目的是逐步解决城镇无养老保障居民的“老有所养”问题，要求是低水平起步，个人（家庭）和政府合理分担责任，权利与义务相对应，政府主导与居民自愿相结合，试图在 2020 年建立覆盖城乡的社会保障体系。与新农保的试点范围以及筹资和支付结构类似，居民养老保险也具有以下几个重要特点。一是个人账户与社会统筹相结合。个人账户由居民个人缴费和地方政府补贴组成，但个人缴费档次比新农保多了 5 个档次，最高可到 1 000 元。社会统筹部分则由基础养老金组成；二是个人

缴费与政府补贴相结合。由于居民没有村集体，所以缴费主要由个人缴费和政府补贴组成，政府补贴分别补入口与出口，与新农保相同；三是政府引导居民自愿参保。但是由于制度设计与新农保基本一致，城保也具有新农保一样的缺陷，具体分析详见第二节。

不可否认的是，城市居民养老保险的展开与国家的积极干预和责任的凸显同样密不可分，尽管城镇职工养老保险覆盖大多数的城镇居民，但仍有大量未从业人员、就业不稳定人员等未被纳入到养老保险当中，成为社会保障网的一个短板。补上短板，且从制度设计上为城保与农保衔接留下制度空间，为未来社会保障全覆盖迈出了重要的一步。

（二）城乡居民养老保障统筹发展

新农保与城市居民养老保险的筹资结构、支付结构、计发方法等基本相同，经办管理也均由社保机构负责，政府承担的基础养老金也是55元，只有缴费档次稍有差别，因此二者的衔接在一开始就留下了制度空间，从技术上、管理上都不存在问题。2014年2月，国务院出台的《关于建立统一的城乡居民基本养老保险制度的意见》中，决定将新农保与城居保两项制度予以合并，在全国范围内建立统一的城乡居民基本养老保险制度。制度依然坚持社会统筹与个人账户相结合的支付模式，主张政府补贴与个人缴费相结合，凸显政府责任。

在此基础上，人社部出台的《城乡养老保险制度衔接暂行办法》（以下简称《办法》）中，决定自2014年7月1日起，城镇职工基本养老保险与城乡居民基本养老保险可以衔接。《办法》对参保人的缴费年限、个人账户储存额、领取标准等都做了较为明确细致的规定，对养老保险的统筹化层次和信息化管理提出了更高的要求。

（三）国家责任凸显：制度设计与资金投入

最近几年，国家在社会保障方面出台了大量的新政策，试图加速构建覆盖城乡的社会保障体系。实际上，许多地方在中央政策出台之前已有许多保障制度走在了前面，如居民养老保险、城乡统一的养老保险制度等，但制度通常只是地区性的，碎片化程度高，发展不平衡，相互间的差别也比较大，这种情况不利于全国性的、统一的社会保障制度的建立。因此，从中央层面推出养老保险制度，对其筹资结构、支付结构以及基金管理办法，特别是对政府责任做出明确规定，有利于缩小地区间差别，打通制度间可衔接的渠道，使社会保障制度的统筹发展成为可能。从这一点来说，国家责任的凸显，“制度设计”责任的意义远大于“资金投入”责任的意义，特别是对中央政府来说，更多地体现了国家的顶层设计，而在资金投入上，往往是各级政府都有分担，并且通常是地方政府负担的比例较大。

城乡居民养老保障制度的建立和二者的并轨整合凸显了国家在构建覆盖全体居民的社会保障体系上的责任，对保障农民生活、促进城乡统筹发展、扩大内需都具有举足轻重的意义，历史罕有，标志中国社会保障体系的全面建立和国家福利责任的全面回归。但是国家责任的凸显却并不是充分的，在许多地方仍存在一些明显的缺陷，这与我国社会保障依然处在查遗补缺的阶段有关，也与社会保障设计的基本理念，即“低水平起步”有关，但更重要的则是与国家或政府的认识是有关系的。具体而言，在城乡居民养老保障的设计上，存在如下节所说的一些缺陷。

第二节　国家责任的限度：城乡居民养老保障的缺陷

一、国家福利责任仍不到位

新旧农保对比已经说明，国家即政府责任的缺失是农保政策成败的关键，特别是国家补贴是否到位直接影响农民的参保积极性和参保水平。但实际上，新农保的国家补贴也并不完全到位，与经济社会的发展水平和老百姓的期望仍有一定的差距，其管理也存在一定的问题，总结如下。

（一）基础养老金待遇偏低

国家财政向农民补助每月不低于55元的基础养老金，这一金额在2009年刚刚开始时，对农民是有一定的吸引力的，可是随着物价的上涨，生活水平的提高，55元的标准就显得有些不足，与不断调整的企业退休职工工资形成鲜明对比。客观地说，55元的保障水平在大多数地区甚至低于最低生活保障水平（2009年全国农村平均低保标准为每人100.8元/月，月人均补差64元）。笔者在黑龙江省进行调查的过程中，许多地区反映55元的基础养老金不足以对农民形成强有力的支持，只是“吃饭可以带点儿菜”“可以多点零花钱”。2014年全国城乡居民基础养老金提高到70元，总体来看，与城市居民，特别是城镇职工存在较大差距。此外，基础养老金缺乏动态调整机制，意见所说的调整，在实际操作时并没有出现，自试点以来，基础养老金水平没有形成动态调整的机制，如有调整也往往是地方政府补贴调整的结果。

（二）基金保值增值存在问题

新农保政策自试点之初，就不断有研究对其保值增值机制提出疑问。为保证基金的安全，意见规定新农保“按有关规定实现保值增值”，实际上就是存入国有银行和购买国债。由于新农保在开始时是县级统筹，县这一级的政府机构也不可能任意投资，即使以后逐渐过渡到了省级统筹，省级所掌握的可保值增值的大型投资项目也非常有限。2010年笔者所在单位曾经举办过一期以新农保为主题的省部级培训班，许多分管领导对保值增值提出了很多意见，但张德江同志在会见该班学员时，对省一级投资养老保障的基金的意见予以否定，其主要原因就在于大型有价值的投资项目往往掌握在中央政府手中。2015年国务院印发《基本养老保险基金投资管理办法》，正式决定养老保险基金入市。

二、央地责任划分存在问题

新农保政策中，地方财政主要补入口，有能力的情况下补出口，补贴分省、市、县（区）三级补贴，补贴比例不一。“入口”补贴方面，按照当时农民普遍选择的100元补贴水平来看，省、市的补贴压力不大，但县级财政的补贴能力有限，且呈现出较大的地区差异。2010年8月，笔者随其他课题组赴黑龙江省哈尔滨市、牡丹江市、绥芬河市、宁安市等地调研新型农村社会养老保险制度，发现了中央和地方政府在新农保补贴责任上的划分不当。以当年财政收入较好的黑龙江省牡丹江市为例，省、县两级财政补贴比例为6∶4，其辖区东安区符合参保条件的有2.3万人，如按照全部参保人员选择100元/年的缴费档次测算，每年入口补贴共需30.2万，如果46～59岁的人群全部补缴，区地方财政补贴将为436.4万。对于县级财政来说，负担是比较重的。随着新农保试点的进一步扩大和农民缴费积极性的提高，个人账户养老金的补贴水平将会不断上涨，按照目前省、市、县三级补贴甚至是二级补贴体制，县级财政能力特别是中西部地区、贫困县的财政补贴能力值得担忧。

此外，地方财政能力的不足还导致“出口”，即基础养老金部分出现较大的地区差异。仅以黑龙江省牡丹江市为例，其辖区宁安市的基础养老金为55元（全部来自中央补贴），而绥芬河市的基础养老金则为100元（地方财政补贴45元），差别近一倍。基础养老金是政府针对农民的普惠性政策，它的统筹层次应该更高，但目前地方财政能力的差别将导致农民领取养老金的“起点”不均。

从一些发达地区，如北京和上海的居民养老保险来看，也存在着上、下级政府责任划分的不均衡。以北京市为例，2009年的《北京市城乡居民养老保险办法》中规定全市实行统一的基础养老金每人每月280元，但基础养老金所需资金全部由区（县）财政负担，并列入财政预算。而2014年的《上海市城乡居民基本养老保险办法》则规定区县政府对本辖区内户籍参保人的缴费给予补贴，基础养老金540元则由市财政（含中央财政补助资金）和区县财政按照30%和70%

的比例分担。城乡居民养老保险待遇领取人员死亡的，其家属可以领取标准为3 600元的丧葬补助金，补助金也是由市财政和区县财政按照3∶7的比例分担。

三、个体责任凸显不足

新农保政策遵循自愿参保的原则，为保证农民参保，以一种捆绑的方式要求领取待遇的老人子女也必须参保缴费，这实际上又违背了自愿的原则，是比较矛盾的。实际上，保险应有强制缴费的特性，否则会出现新人不急，中人观望，老人积极的“逆淘汰”现象。据笔者2010年对黑龙江的调查，发现中青年的参保积极性普遍不高，参保率较低。如黑龙江许多试点地区的登记参保率基本都达到80%甚至85%以上，而余下近20%的未参保人中，中青年农民即45岁以下的农民是主体，这成了下一步扩面工作中的难点。综合来看，中青年农民参保率低的原因在于：一是中青年农民的流动性高，而新农保在转移接续方面存在困难，无法满足流动农民的需求；二是新农保对缴费年限没有足够的激励机制；三是缴费时间长，享受预期较远，缺乏吸引力；四是中青年农民距老年阶段较远，存在观望心理；五是捆绑政策失效，同时缺乏必要的约束措施。中青年参保率低，加大了新农保制度的空账风险，无形中增加了转制成本。应该说，农民的这种心理是非常典型的，体现的是个体现代福利责任的相应缺失，政府应该对此有一定的引导和强制义务。

此外，农民的个人缴费也是低水平起步，个人账户养老金的累积能力有待提高。许多调查显示，大多数农民都选择100元的缴费标准，如甘肃省90%的参保人员选择100元缴费标准，黑龙江省牡丹江市90%以上的人也是选择100元缴费标准。如果不考虑通货膨胀的因素，按照农民每人每年缴纳100元，政府补贴30元的标准，以2009年人民币一年期的存款利率2.25%计算，15年后农民的个人账户存款将为2 526.293元，60岁后每人每月仅可领取18.17元。

四、集体责任难以保证

新农保的集体补贴属于辅助政策，是有条件的地区采取，但实际上由于许多地区的集体经济已经名存实亡，因此个人、集体与政府的三方负责制实际只是个人与政府的两方负责，资金的筹措能力与城保相比具有较大差距。随着城市化速度的加快，未来集体经济还将面临较大的萎缩。2010 年笔者在黑龙江的调研中发现，许多地区的基层管理人员都反映集体补贴缺乏有效的约束机制。

第三节　总结：有限回归

从第五章和本章第一节的分析中，我们已经发现了社会保障领域中“国家回归”的存在，这种责任回归是从资金、制度设计和服务供给等多个方面的责任彰显。另外，在本章第二节中，我们发现“国家回归”也并非是全面的，它既不是回到改革开放之前的国家垄断，也不是国家的“全力投入”，它依然还是有限的，隐含“底线思维”的传统。

通常，“有限”有两层含义，一是“不足”，即并未真正到位，离应然还有一定的距离；二是适度，即与经济社会和文化发展水平相适应，不超前，有节制。在本研究中，国家回归首先应该是适度不超前的，但在目前改革阶段，中国国家责任的回归事实上还是不到位的，不足是其主要特征。

通过前两节的分析，可以发现，与老农保相比，新农保政策之所以成功主要原因在于国家责任的回归，真正体现了国家和个人的责任共担。但通过对新农保的深入分析，我们也可以发现国家责任的回归不是绝对的，而是相对的，无论是资金保障的责任还是管理规范责任都有不甚到位之处，与经济发展水平和农民期望有一定的距离。因此，国家责任的回归是有限的，其有限性表现在以下几个方面。

一、国家责任的回归与经济发展水平相比有限

改革开放以来，中国的经济发展速度举世瞩目。1978 年，中国人均 GDP 仅为 381.2 元，1990 年 1 644.5 元，增长了 4 倍，完成邓小平同志“三步走”战略目标的第一步。1995 年，提前完成邓小平“三步走”战略目标的第二步。加入世贸组织以后，经济起飞的速度明显加快，2000 年，中国人均 GDP 为 7 857.7 元，2006 年则高达 16 164.8 元，6 年翻了一番。2008 年国内生产总值已超过 30 万亿元，财政收入为 6.13 万亿元，人均 GDP 达到了 22 698 元，约为 3 000 美元，即已经达到中等发达国家的收入水平。2010 年中国超越日本，成为世界第二大经济实体。2013 年，中国国内生产总值达到 56.88 万亿元，人均国内生产总值达到 4.19 万元，财政收入 12.91 万亿元，可以说人民的生活水平有了大幅度提高，国家的财政实力也明显增强。

但是与此相对应，中国的社会福利体系的建设却是相对滞后的，2009 年，我们在总体收入已进入中等发达国家水平时才建立了针对农民的养老保险，2011 年才建立了针对城市居民的养老保险，且起步水平是较低的，这一点与我国经济社会发展的速度显然不相适应。2013 年全国财政支出共 14.02 万亿元，其中社会保障和就业财政支出 1.45 万亿元，占公共财政支出的 10.34%，补贴各种类型的社会保险基金共 4 403.14 亿元，其中补贴新型农村养老保险 1 096.38 亿元，对新农保基础养老金的补助标准仍然为 55 元/月，连续五年没有调整。2013 年，各级财政对新农合和居民医保人均补助标准为 280 元/年，2014 年调整到 320 元/年，平均月补贴仅为约 27 元。

在人民整体生活水平提高的同时，我国仍有大量人口处在贫困的边缘，2013 年，按照新的国家扶贫标准，我国农村贫困人口还有 8 249 万人，按照世行的标准测算，还有 2 亿多人。民政部统计数据显示 2013 年我国城市低保对象有 2 064.2万人，农村 5 388 万人，城市三无对象 8.6 万人，农村五保对象 537.2 万人。由于社会保障的不健全和碎片化，许多失地农民、流动人口、城乡老年人仍

然由于缺乏保障或者保障无法转移在就业、医疗和养老方面存在困难。一些临时性救助保障水平、范围和时间都十分有限，且程序复杂，使许多陷入突发性困难的人无法得到及时救助。

二、国家责任的回归与福利服务需求相比有限

国家责任尽管在回归，但其回归的程度与老百姓的期望和实际需求相比是有限的。

以养老为例，零点集团的调查资料显示，2013 年城市居民的养老忧虑度仍然处在较高的水平，分别有 53.7% 和 50% 的居民表示忧虑养老照料和养老费用问题。在前文中，我们的基层调研也显示，在居民认为迫切需要解决的问题中，养老问题排在第二位，而对政府的期望和要求里，更是明确提出希望政府解决养老问题，也是排在第二位。

通过历年养老忧虑的程度的趋势分析，可以看出，尽管进入 21 世纪之后，中国在养老保障上改革力度较大，但居民，特别是城市居民的养老忧虑度仍然在不断上升。

而在居民看来，谁才应该为养老负责呢？调查结果也显示，政府被寄予较大的期望。如图 6.1 在“居民认为养老应该靠谁”的问题上，被调查城市居民中，42% 的人认为应该靠政府，31.6% 的人认为应该靠子女或其他晚辈。

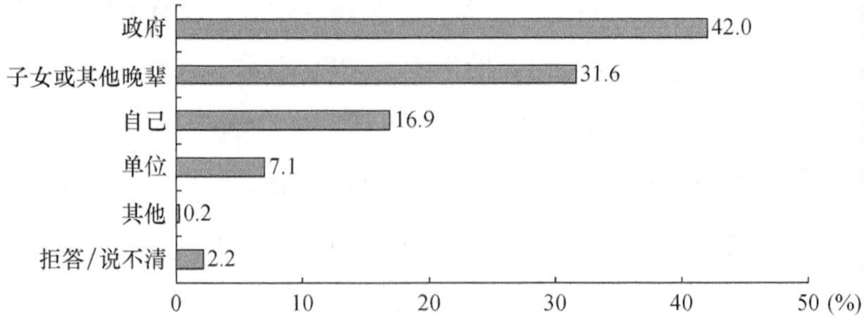

图 6.1　城市居民认为养老最应该靠谁

资料来源：零点研究咨询集团，2013 年《中国城市居民生活质量指数报告》。

养老问题是社会保障事业的重点中心工作，更是未来社会福利事业发展的难点，随着人口老龄化的不断加剧和家庭功能的减退，未来养老的形势将会更加严峻。尽管目前依然有大量居民认为养老应该靠自己的家庭，但是可以预计的是未来将会有越来越多的老人不得不依靠国家和政府，这种依靠并非是单纯的依赖，而是需要政府制定更加完善的养老政策，使“老有所养”真正实现。

但是按照目前城市居民养老保险和农村新型养老保险的进展情况来看，养老保险要真正成为老百姓的“依靠”，还需不断提高水平、扩大覆盖范围。

三、国家责任的回归依然滞后于社会发展的要求

改革开放以来，我国经济获得了长足的发展，但社会发展相对滞后，经济结构与社会结构之间产生了巨大的结构性张力，导致大量社会问题产生，而这些问题最终反噬经济发展，逐渐成为中国深化改革的重要障碍。党的十六大以来特别是党的十六届六中全会以来，社会建设受到空前的重视，国家开始重新审视自己的福利责任，逐渐健全社会福利体系、提高待遇水平、扩大覆盖面，但总体而言，由于执政惯性、观念未变、考核不力等各种原因，社会建设仍未被提到与经济建设同等重要的地位。

收入分配政策既属于经济政策也属于社会政策，是国家调节社会结构的重要手段，收入结构不合理是造成社会结构不合理的基础性原因，也是社会矛盾的根源所在。2013 年，国家统计局首次公布十年全国居民收入基尼系数，数据显示，基尼系数一直高位运行，在 2008 年达至顶峰，2009 年开始稳步下降，但至今仍高于警戒线。

从城乡收入结构来看，城乡居民收入差距指数[①]自改革开放以来持续扩大，在 1990 年只有 2. 20，但到 2007 年则高达 3. 33，此后基本徘徊不变，一直维持在 3 倍以上，即使到 2012 年党的十七大时依然还在 3. 1，凸显出城乡二元结构的严

---

① 城乡居民收入差距指数为“农村居民纯收入”与“城镇居民可支配收入”的比值。

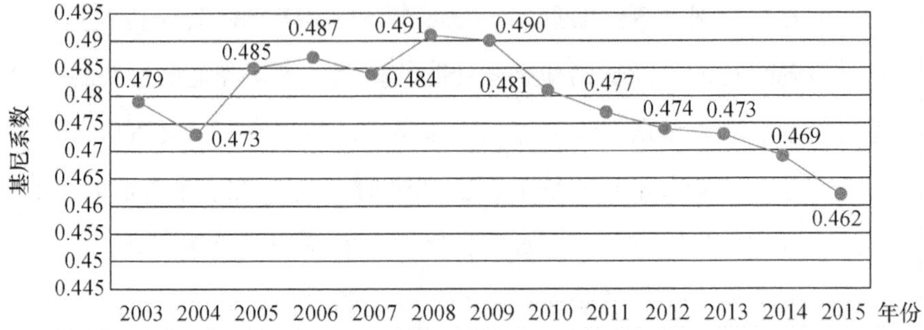

图 6.2　全国居民收入基尼系数

资料来源：国家统计局。

重程度。而从单位性质上来看，国有单位职工收入更是远远高于城镇集体单位和其他单位，从行业上来看，2008 年行业收入差距最大高达 15 倍，证券业为 17.37 万元/年，而畜牧业仅为 1.88 万元/年。① 这些收入差距的数据反映出经济发展在促进社会均衡结构形成方面的作用有限，而国家福利责任的回归对以上情况尽管有所改善，但与社会发展所期待的水平依然具有较大的差距。

表 6.1　2006—2012 年城乡居民收入差距指数

年份	2006	2007	2008	2009	2010	2011	2012
指数	3.28	3.33	3.31	3.33	3.23	3.13	3.10

四、国家责任的回归应与社会发展的整体水平相适应

尽管国家责任的回归还有不到位的地方，但回归也应当注意“度”，虽不能滞后，但也不应超前，而应该是适应社会发展水平的适度回归。这一点是针对社

① 以上数据皆来自历年中国统计年鉴。

会福利改革的方向而言的。

任何一个国家，福利改革都不应超越现有的经济发展水平和社会发展阶段。福利是有刚性的，它不仅需要足够的财政投入、完善的管理和服务水平，还需要有适度的公民责任。目前，中国仍处于社会主义初级阶段，虽然国家整体经济实力已进入世界前列，但内部地区差异、行业差异、城乡差异、个体差异都非常大，贫富分化程度严重，社会问题叠加，矛盾的触发点多。国家出台社会福利政策，需要考虑到老百姓的需求，需要考虑政府的财政能力、行政能力，最重要的是需要有一个长效增长和调整机制，否则就可能滞后于通货膨胀水平、工资增长速度等，与老百姓的期望产生差距。因此国家责任的回归需要注意循序渐进与可持续，不能出现社会政策的冒进，也不能使社会政策停滞不前，甚至是贸然中断。旧农保的失败就是一个深刻的教训。

需要说明的是，国家责任的有限回归是从福利的供给结构上来谈的。在研究框架中，我们将国家福利责任结构划分为两个层面，一为供给结构，它指的是不同责任主体在福利供给“量”上的差别；一为实施结构，它指的是不同责任主体在福利供给内容，即“质”上的差别。国家责任回归的有限性，指的是国家责任在福利供给的“量”上是有限的，它不是无所不包，也没有做到全力以赴。在目前情况下，国家责任的回归是不足的，还应该加强，并且在加强的过程中则需要注意不要超前。

第七章　多层回归：福利供给的政社合作

国家责任从撤退走向回归是进入新世纪以来社会福利改革的一个总体趋势，但是回归的范围、程度和方式在不同的领域则表现出各不相同的形式。前文通过城乡居民养老保障改革展示了回归的限度，即国家责任虽然回归，但程度却依然是有限的。回归并非是回到过去，而是相对于以前收缩状态的一种适度回归，政府所承担的福利责任并未无限扩大，在某些领域和层面，甚至都未达到计划经济时期的水平。在水平上，也与公众的期待和社会经济发展的水平有一定的差距。除了承担责任的程度是有限的之外，政府的回归还表现在其回归的方式上更加精巧，并不是在所有福利领域和福利责任内容上的全面回归，而是通过积极的干预和引导，试图搭建一种新型的、多元化的福利供给模式。这种更为细致的回归模式是一种“实施结构”上的回归，它表现为不同责任方面国家福利责任方向不同、程度各异的变化，研究将其概括为“多层回归”。

从本章开始，将通过对“政府向社会组织购买服务”的深入研究，来探讨“国家回归”的第二层含意，即“多层回归”。这种回归表现为一种在国家责任和能力上的平衡，即试图使国家责任或政府职能回归其“本位”，承担其本应承担的责任，将其做不了也做不好的事情转移出去，寻求公共服务供给的最大效率。这种实施结构上的回归带有政府职能转变的意涵，是公共服务供给结构的精细化，在当前实践中主要表现为 PPP 即公私合作，而在社会福利领域则突出表现为“购买服务”。

第一节　政社合作：政府购买服务

“社会福利责任结构”已经说明社会福利服务供给的链条是可以拆分的，任何一个社会福利领域通常都涉及制度设计、资金支持、服务传递和管理规范等四项不同的福利责任。政府、市场、社会组织和个人（家庭）可以在这四项内容上分别承担程度有别、类型有别的责任，与其他责任主体形成一种优势互补、强强联合，从而提高社会福利供给的总体质量和效率。以往单纯由政府来垄断性地提供所有福利的时代已经一去不返，政府职能的转变以及政府与社会和市场的合作将成为未来公共服务改革的重要方向，这是政府职能转变的核心内容，也是政府从“划桨者”变为“掌舵者”的改革要求。

一、公共服务大变革：PPP 与购买服务

（一）公私合作（PPP）

政府与社会的合作可统称为公私合作（Public-Private Partnership），即 PPP。公私合作通常表现为民营化，即由政府垄断服务向政府与社会合作转变，它的形式和内容非常广泛，包括特许经营、合同承包、补助、凭单、政府间协议、出售等。

民营化领域的专家萨瓦斯认为，PPP 可以有宽口径、中口径和窄口径三种定义。联合国开发计划署则认为 PPP 是政府、营利性企业和非营利性组织基于某个项目而形成的相互合作关系。实践中 PPP 根据政府的参与程度在各个国家具有不同的定义，从现有的文献资料来看，PPP 在实践中的定义非常混乱。

在中国，对 PPP 的定义有狭义与广义两种理解。广义的 PPP 指的是公共部

门与私人部门之间的一切合作关系，而狭义的PPP则可能被不同的学者定义为不同的形态，如有人认为PPP指的是融资领域内的公私合作，认为PPP与租赁、合同外包、融资、股份制改造、私有化等不同，还有学者认为PPP是除外包和私有化之间的一切形态，也有人认为PPP是完全私有化与公有化的“中间道路”。多数学者认为，PPP包含了几个重要因素：风险共担、利益共享、目标一致。即使是狭义上的PPP概念，随着双方合作领域和深度的逐步推进，其理解也越来越有广义的趋向。

中国的PPP定义经历了从“政企合作”向“政企、政社”合作的转变。PPP的字面含义是“公私合作”，即公共部门与私人部门的合作。“私人部门”在实践中包含市场组织（营利性组织）和志愿组织（非营利性组织）两大类别，在这一层面上理解“公私合作”将不仅包括政企合作，还包括政社合作。但在中国实践中，PPP却被翻译为“政府与社会资本合作”，而“社会资本”则在文件中被进一步定义为私人企业。如在2014年11月公布的《政府和社会资本合作模式操作指南（试行）》和2014年12月30日发布的《PPP项目合同指南（试行）》中，“社会资本”被界定为依法设立且有效存续的具有法人资格的企业，包括民营企业、国有企业、外国企业和外商投资企业。因此，有学者认为中国的PPP本质含义是“政企合作”。也正是因为这样，PPP经常被认为是一种市场化的形态，是包含营利因素的合作形态。

但我们认为，政企合作仅仅是PPP发展初期的一种主要形式，随着政府职能转变和公共服务供给方式的改革，各种形式的政社合作也将会成为PPP的重要形式之一。而政社合作将在一些公共服务领域，特别是住房、养老、医疗等领域获得极大发展。事实上，随着PPP的进一步推广，对社会资本的界定确实在悄然改变，如2015年《关于在公共服务领域推广政府和社会资本合作模式的指导意见》中有这样一段话“作为社会资本的境内外企业、社会组织和中介机构承担公共服务涉及的设计、建设、投资、融资、运营和维护等责任”，显然，社会资本的范围已经超越了企业，包含了非营利性质的社会组织。

按照官方定义，如2014年9月财政部公布的《关于推广政府和社会资本合作模式有关问题的通知》的解释，PPP 指的是“政府和社会资本合作模式是在基础设施及公共服务领域建立的一种长期合作关系。通常模式是由社会资本承担设计、建设、运营、维护基础设施的大部分工作，并通过‘使用者付费’及必要的‘政府付费’获得合理投资回报。”“政府和社会资本合作的实质是政府购买服务”。

（二）购买服务[①]

与适用范围更为广泛的 PPP 相比，“购买服务”这一概念更多地在社会服务中被使用，如医疗、养老、社区服务等。有学者认为二者不具有包含或对等关系，因为 PPP 中的政社合作比购买服务的深度要大许多，但在本文看来，购买服务可被视为广义 PPP 中的一种模式，即将运营、服务甚至是监督外包的一种形式。

实际上，在社会服务领域，政府与社会的合作并不仅限于购买服务，它还包括各种公建民营、民办公助等复杂形态，其合作的历史也远远超过今天购买服务的历史。许多研究认为，将公共服务以“购买”的形式转移给其他社会组织承担的做法最早可追溯至 1996 年上海“罗山市民会馆”的经验。1996 年 3 月，在上海浦东新区社会发展局的直接推动下，由社会发展局和金杨新村街道办事处提供房屋，社会发展局、城工委、浦东社会发展基金会、上海青年会共同投资，由上海青年会独立管理的新型社区服务模式——罗山市民会馆成立。罗山市民会馆最典型的特点是政府出资兴建公共设施，社会组织负责运营，并承接部分政府直接管理的服务项目，如“999 市民求助热线”和信息中心。该模式在实践中产生了巨大的扩散效应，开创了政府与社会组织合作的先河。

仔细分析该模式的具体运作机制，会发现它与我们今天所谈的“购买服务”仍有一定的差别，其中政府与社会组织之间的关系并非是单纯的购买关系，它实

① 本部分内容取自作者本人于 2013 年第 4 期《北京科技大学学报（社会科学版）》发表的《政府向社会组织购买服务的概念澄清》一文，这里进行了相应的修正。

际上是政府委托民间组织来经营和管理由政府举办的设施的一种托管模式，即公办民营。据2005年的一份报告显示，在罗山市民会馆每年的运营资金中，30%来自浦东社会发展局对“999热线”的拨款，10%来自社会捐款和项目资助，而60%是来自会馆的自主运营。政府的资金重点支持的是会馆的场地建设和设施更新，而并不针对会馆的所有业务。因此“购买服务”并不足以准确地概括罗山市民会馆的运营模式，尽管其中有一项业务即“999热线”和信息中心可以说属于政府购买服务的一种形式。但如果要更准确地概括罗山市民会馆的运营方式的话，还应当说是属于“公办民营”或“公建民营”。

比较明确地提出“政府购买服务，民间组织运作”的则是2003年南京市鼓楼区的“居家养老服务网”。2003年11月，南京市鼓楼区民政局出资15万元，向民办非企业单位“心贴心社区服务中心”购买了100名独居老人的居家养老服务，平均每位老人以每小时5元钱的标准享受到了来自社会的照料。这一符合中国老年人养老需求的模式受到了社会的普遍欢迎和广泛关注。应该说，鼓楼区的居家养老服务模式是非常典型的政府购买服务的模式。政府以明确的资金，通过协议向社会组织购买明确的服务项目，在协议中规定了服务的内容、时间、标准等，资金属于专款专用。但深入分析也可以发现，“居家养老服务网”的发展壮大也并非仅仅是购买服务之功。事实上，政府还从硬件资源、运营补贴等其他方面给予了支持。2009年的一份相关访谈资料显示，“心贴心”房屋的基本资金有40万元是由政府支付的，期限为10年，只有每年递增的3万元以及130万元转让费属于自付。在购买服务中还有很大一部分只属于部分购买，如社区里有3 000个老人是低价购买服务，政府只采取补贴一部分的方式给予支持。因此，“居家养老服务网”的核心特征虽是政府直接出资购买服务，但它也涵盖了大量政府直接补贴、资助民间机构的内容。因此，该模式实际上混杂了购买服务和补贴资助，即“民办公助”的内容。

从以上两个案例来看，实践中对政府购买服务的使用是比较广义的。“购买”这一具有市场交换特征的词汇实际混杂了大量非市场交换所能涵盖的内容，如公办民营和民办公助等具体形式。总体而言，政府购买服务与民办公助、公办民营等合作方式是有所区别的，三者的合作深度、关注重点和具体的操作都有所不同。就本研究所关注的政府向社会组织购买服务而言，它指的是政府将原来直接提供的公共服务事项，交给有资质的社会组织来完成，并为此支付相应费用的公共服务运作模式。理解这一概念，有几个核心要点必须澄清：第一，购买服务的范围应是原由政府直接提供的公共服务事项，即政府自身的内部服务不应包含在购买服务的范围之内，而本该由市场和社会承担的服务也不能称之为“购买”；第二，购买服务的对象是有资质的社会组织，即购买有门槛且遵循择优录取的原则；第三，“购买”是具有一定市场交换意义的，这一点将其与“资助”明确区别开来，也决定了购买服务具有与政府资助完全不同的范围、对象、程序和评估要求。

因此，更准确地理解“购买服务”，应该在狭义的层面上，从服务委托、合同承包的角度来理解。2013 年国务院办公厅印发的《关于政府向社会力量购买服务的指导意见》中明确指出，政府向社会力量购买服务，就是通过发挥市场机制作用，把政府直接向社会公众提供的一部分公共服务事项，按照一定的方式和程序，交由具备条件的社会力量承担，并由政府根据服务数量和质量向其支付费用。

从以上对 PPP 和购买服务的含义分析，可以发现，中国的公共服务供给模式正在发生划时代的转变。如果说计划经济时期公共服务的供给模式是国家垄断，改革开放初期是国家撤退和市场化，党的十六大以来国家责任呈现回归态势的话，那么最近几年的公私合作的大发展则使国家回归多了一层“职能转变”的含义，将本应承担的责任承担起来、承担好，将不应承担或承担不好的责任转移出去，这才是“国家责任”的应有之义。

二、政府向社会组织购买服务大发展

最近几年，政府向社会组织购买服务日益成为公共服务和社会管理创新的一种重要方式。以广东、北京等一些省市为代表，各地有关政府购买服务的实践探索不断推陈出新，取得了良好的社会效果。2012 年，中央财政首次启动支持社会组织参与社会服务项目，同年 11 月，民政部、财政部印发的《关于政府购买社会工作服务的指导意见》，指出推进政府购买社会工作服务是加强社会工作专业人才队伍建设、创新公共财政投入方式、改进社会管理服务方式、加快政府职能转变、满足群众多元化、个性化社会服务需求的重要方式。2014 年，财政部、发改委、民政部、全国老龄办共同出台的《关于做好政府购买养老服务工作的通知》，要求到 2020 年，基本建立比较完善的政府购买养老服务制度，促进形成与经济社会发展相适应、高效合理的养老服务资源配置机制和供给机制。与此同时，财政部对公私合作模式的重视和推广也逐渐提上日程，2014 年发布第一个 PPP 文件《关于推广运用政府和社会资本合作模式有关问题的通知》，指出政府与社会资本合作的实质是购买服务，并要求各级财政部门应重点关注城市基础设施及公共服务领域，如医疗和养老服务设施等。财政部、民政部《关于支持和规范社会组织承接政府购买服务的通知》要求充分发挥社会组织在公共服务供给中的独特功能和作用，在改革中提升社会组织参与公共服务的能力，充分发挥社会组织在承接政府购买服务中的主体作用。

从中央的政策文件来看，《国家“十三五”规划纲要》指出要“扩大政府购买服务范围，推动竞争性购买第三方服务”，要推动公共服务供给方式的多元化，“能由政府购买服务提供的，政府不再直接承办；能由政府和社会资本合作提供的，广泛吸引社会资本参与。制定发布购买公共服务目录，推行特许经营、定向委托、战略合作、竞争性评审等方式，引入竞争机制。”党的十八届三中全会更是决定，要“推广政府购买服务，凡属事务性管理服务，原则上都要引入竞争机制，通过合同、委托等方式向社会购买”。2017 年，《“十三五”推进基本公共服务均等化规划》中明确指出公共服务要采用多元供给机制，要“积极引导社会力量参与，推进政府购买服务，推广政府和社会资本合作（PPP）”。

2016 年 6 月，国务院成立“政府购买服务改革工作领导小组”，国务院副总理张高丽任组长，财政部、中编办、发改委、民政部、人力资源与社会保障部等多个部门参与，此后，广东省也成立相应改革工作领导小组。从整体上来看，政府购买服务已经成为中央与地方促进政府职能转变和社会组织发展的共识。

第二节　政府向社会组织购买服务的理论逻辑与制度现实

作为政府职能转变和社会组织发展的重要举措，购买服务自产生以来就受到了普遍关注，并随着各地的深入推进和中央层面的制度保障逐渐获得广泛认可。尽管业界对“购买”一词的使用颇有争议，认为它将政府与社会组织的关系简单化为市场关系、工具关系或伙计关系。但学者们也不得不承认，购买服务是现阶段条件下，公共部门与私人部门合作的一种重要形式，是政府能够吸纳社会组织参与公共服务，社会组织能够获取稳定发展机会的优选方案。

在购买服务中，“合同”是核心要件。基于“合同”，政府与社会组织缔结了一种经济意义上的契约关系，而又由于“合同内容”的公共性以及社会组织的非营利性，政府与社会组织的契约关系还带有社会性和政治性的意涵。但实际上，在这一契约关系中，政府和社会组织对“购买服务”的预期和出发点却具有相当大的差异，其根源不仅在于动机上的不同，更重要的则是治理逻辑的差异，这导致购买服务有时只是“看起来很美”，在实践中却存在诸多障碍与问题。理解政府购买服务的“动因”及其在机制建设和流程设置中的问题是理解购买服务的关键，也是完善公共服务供给模式的关键。①

一、政府购买社会组织服务的理论逻辑

从垄断性地提供服务到与社会组织合作提供服务，是政府职能转变的一次全新尝试，国际经验和研究证明，这一“合作关系”的产生具有理论上的合理性。

① 以下内容已发表在《经济社会体制比较》2012 年第 6 期，这里做了部分截取。

“市场失灵”理论说明，政府在提供公共服务时比市场更有动力，但是“政府失灵”理论则说明，政府作为公共服务的提供者，不可避免地具有一定的局限，如偏重大多数人的需要、具有规模上、专业上的局限，特别是效率较低、更关注短期目标等。正是由于市场失灵与政府失灵的存在，社会组织[①]的存在成为可能。但这种“剩余式”的解读方式尽管说明了政府、市场与社会组织各有其存在的空间，却并不能赋予社会组织以不可替代的地位，特别是无法说明政府与社会组织合作的产生。

事实上，如果政府出资向市场购买服务的话，似乎可以解决市场失灵的最大障碍。而与其他纯粹的公共服务相比，社会组织所提供的“社会服务”通常也具有一定的排他性，这使得市场组织参与购买服务有了更大的可能性。因此从逻辑上来看，政府与市场的合作似乎更加顺理成章。但实践中，大量以“合约制”形式出现的购买服务却是向社会组织进行的购买。这是为什么呢？

“合约失灵”“第三方治理”和“志愿失灵”理论则较好地解释了这一疑问。“合约失灵”理论认为，由于社会福利服务中存在着更加严重的信息不对称，消费者通常无法依靠契约去约束和监管市场组织，无法避免市场组织由于“趋利”而可能产生的背叛行为，因而相比于市场组织而言，社会组织在提供福利服务时具有天然的优势。但正如萨拉蒙（Lester M. Salamon）所指出的，由于政府可能比社会组织更值得信任，这一解释可能会导致人们更加依赖政府而不是社会组织。因此，他提出了“第三方治理”的理论，解释了政府与社会组织之所以能够合作的重要原因。他认为政府在社会服务中的角色可以被划分为资金提供、服务监管和服务传递等三个不同的方面，政府并不需要在以上三个方面都承担全部的责任，而是可以与其他主体相互合作、实现优势互补、责任共担。一方面，由于社会组织对需求的反映更加灵敏、效率更高等原因，政府与社会组织合作提供服务就形成了一种精巧的第三方参与治理的模式，使得政府在规模和相关投入不

① 社会组织是党的十六届六中全会之后用于统称民间组织、非营利组织和非政府组织的一个中国化的概念。广义上它指的是除政府和市场组织之外，在一定程度上具有非营利性和非政府性的组织。在本文中，社会组织被限定为非营利性、非政府性的组织。

变的情况下，可以提高服务的供给能力。而另一方面，“志愿失灵”理论所发现的慈善资源不足、特殊主义等，则从另外一个侧面揭示了社会组织本身所存在的问题及其天然需要政府支持和引导的重要意义。因此从理论上来看，政府与社会组织具有合作的内在动力和现实基础。一是社会组织具有政府和市场所不可比拟的优势，在社会福利的供给体系中拥有不可替代的地位。二是社会组织和政府通过合作可以形成一种“优势互补”型的责任共担模式，既可以弥补政府在提供社会服务时的缺陷，也可以解决社会组织在服务过程中所面临的问题。

而最近的研究则在比较了公共服务几种提供模式的基础上，指出“选择与竞争”模式可以在准市场的环境下，达到既保证服务的公平性，又提供良好激励机制的目的。这种模式就是一种政府买单，用户选择的方式，也即是政府购买服务。

二、政府购买社会组织服务的实践逻辑

在中国，政府向社会组织购买服务最早产生于20世纪90年代，以上海“罗山会馆”的委托化管理模式为重要标志。此后，北京、上海等发达城市的地方政府也开始尝试在教育、养老、扶贫、残疾人服务等领域向社会组织购买服务。2008年，广州市开始试点向公益服务类社会组织购买社会服务，并于2009年全面铺开。随着购买服务范围的不断扩大和效果的日益显现，越来越多的地方加入到了政府购买服务的行列当中。2012年3月，《中央财政支持社会组织参与社会服务项目公告》的发布，决定以中央财政专项资金支持社会组织参与社会服务。至此，这一新的社会公共服务供给方式开始形成一股席卷全国的浪潮。如何解读中国政府的这一改革创新呢？

（一）社会需求日益增长与多元化的压力迫使政府改革服务的供给方式

1. 应对增长性需求与差异化需求的挑战

随着人民生活水平的提高，社会公共服务的需求开始不断上涨，且日益呈现出差异化的特征，对政府公平、有效地配置资源提出了严峻的挑战。但是在相当长的时间以来，中国政府却一直习惯于以“全能型”的姿态向社会垄断性地提供服务，尽管这一模式在改革开放后有所松动，但却一直没有实质性的改变。政府似乎始终无法找到“适度”的定位，而习惯性地将“国家垄断服务”和“市场化”视为非此即彼的二元选择。进入21世纪以来，政府的社会福利责任不断凸显，过度的市场化和国家垄断式的服务已不再适合发展的要求，如何更恰当地定位政府，寻求一种混合型的提供模式，以更有效地应对公共服务压力成为政府不得不面对的迫切问题。

2. 解决传统的政府垄断式提供社会服务的弊端

通常情况下，当面对不断增长的公共服务压力时，政府可以有两个选择：一是扩大自身力量，二是寻求可替代性或可合作的力量。扩大自身力量往往意味着扩大政府规模、增加政府职能，这是我们习惯的大政府垄断式的服务供给模式，它的操作相对简单，但社会效果差，有着难以克服的弊端。

第一，缺乏竞争，导致服务效率低下、质量不高。在政府垄断式提供服务的模式下，政府既是出资人又是服务提供者，既是“运动员”又是“裁判员”。在这种情况下，由于服务缺乏竞争，公众缺乏选择，政府往往也缺乏改善服务的动力。因此，政府垄断式地提供服务虽然相对简单，似乎也比较安全，但是这种方式却不可避免地由于缺乏有效的激励机制而产生机构臃肿、效率低下的问题，这也是中国从经济领域改革中所获得的宝贵经验。

第二，政府背负压力，成为矛盾的焦点。由于历史和现实的各种原因，中国的政府一直是较为强势的“大政府”，公众也习惯于由政府来提供服务，因此造成了长期以来政府大包大揽社会公共事务的结果。这种情况不仅压制了社会力量的发展，使社会缺乏自我服务、自我管理的机会，也导致政府背负了越来越多的责任和压力，而由于缺乏履行责任的相应能力，便屡屡成为社会矛盾的焦点。试图再像以前一样由政府来解决所有的社会问题，不仅政府自身缺乏相应的能力，社会公众对此也充满了怀疑。因此，再回到扩大政府规模和职能的老路上是无法适应新时期的要求的。更重要的是，即便是一个扩大了的政府可能也无法改变既有的问题，如通常不提供“个性化”的服务等。因此，寻求可替代性的力量或合作性的力量，并借此转变政府服务的方式成为应对挑战的自然选择。

（二）社会组织的迅猛发展要求政府管理策略的转变

1. 社会组织正在成为满足社会需求、应对社会风险的第一道防线

改革开放以来，中国社会组织的发展速度一直较快，从 1988 年有统计的 4 446 家迅速增长到 2011 年的 46.2 万家[①]，并日益扩展到教育、卫生、科技、环境、体育、就业、社会服务等众多不同的领域，在协调社会关系、解决社会问题、促进社会整合方面发挥着越来越重要的作用。许多社会服务类社会组织自发成立起来以应对群体自身所面临的问题，如各种癌症协会、残疾人福利组织、养老服务组织和打工者组织等，它们在政府之外进行着自我服务和自我管理，并向外不断扩散着社会效应，在没有获取政府任何资助的情况下解决了大量的社会问题，成为现代社会管理中的一股重要力量。数据显示，近十年来，民办非企业类组织的增速相对较快，特别是社会服务类民办非企业单位成为所有民非类型中增速最快的一种。这一趋势表明，“社会”正在自发地组织起来去解决自身所面临的社会问题，因此支持社会组织参与社会服务，特别是支持公益服务类的社会组织参与社会服务，符合社会发展的要求，也有助于解决政府所无力解决的问题。

2. 政府对社会组织的管理策略开始从“控制式发展”转向“引导式发展”

长期以来，我们对社会组织的发展一直持较为谨慎的态度。改革开放初期，政府对社会组织实行“先发展后控制”的策略，对社会组织的管理较为被动。

① 1988 年的数据来自《中国民政统计年鉴 2010》，2011 年的数据来自于《2011 年社会服务发展统计公报》。

20 世纪 80 年代末，国家颁布了《基金会管理办法》和《社会团体登记管理条例》，着力规范社会组织发展，并通过“双重管理体制”将其严格控制起来。但是这种“控制式”的管理方式却始终无法有效管理社会组织的发展，大量社会组织开始绕过双重管理和注册登记的门槛进入社会的各个领域，反而使政府的管理变得日益困难。进入 21 世纪以来，政府开始有意识地支持和培育社会组织参与社会事业，但却一直缺乏有效的资金和政策上的支持，政府对社会组织的“控制”态度一直没有根本上的转变。

认识到必须要从“控制式发展”向“引导式发展”转变，是在政府真正意识到社会组织的作用和政府的局限，特别是社会组织所存在的问题之后。许多研究发现，中国的社会组织是在政府有限让渡的空间内艰难地生存的，缺乏稳定的资源是其面临的最大问题。社会组织通常有四个资源获取渠道：私人捐款、服务收费、政府补贴和境外资金援助。但是平均而言，私人捐款占非营利部门的收入通常不会超过 1/3，而来自商业活动和政府资助的资金则高居非营利部门收入来源的前两位。但是在一些发展中国家和转型国家，由于缺乏政府资助，一些商业性活动和境外非政府组织的援助往往成为社会组织的主要收入来源。

在中国，情况也是如此。由于缺乏政府资助，同时私人捐助也不稳定，中国的社会组织通常更多地依赖商业活动和境外非政府组织的援助，因此一些社会组织呈现出营利性趋向，而大量民间草根组织更是严重依赖于境外组织的捐助，诸如美国福特基金会、香港乐施会等组织已经越来越成为中国草根组织的主要放款人。数据显示，2000 年，福特基金会对华项目中有 20% 的项目约 396 万美元的资金都资助给了中国的社会组织，一些有名的社会组织如“地球村”85% 的收入、“自然之友”52% 的收入都来自于类似福特基金这样的国际组织。大量的草根社会组织为了争取国际组织的援助，不得不围绕国际流行的项目来运转，相互之间的竞争也越来越激烈。事实上，境外非政府组织的资金一部分来自本国的私人捐款，但大部分则来自于政府的资助，因此外国政府常常是通过各种非政府组织的渠道在向发展中国家的社会组织提供资金。这种情况一方面促使了发展中国家社会组织的极大发展，但另一方面也带来了许多复杂的问题。因此，即使是从战略的角度考虑，中国政府也应该加大对本国社会组织的管理和扶持力度，更多地引导其朝向本国需要的领域合理地发展，而不是控制其发展，更不是放任自流。2012 年《中央财政支持社会组织参与社会服务项目实施细则》的出台，明确表明了政府“构建对社会组织引导性的政策体系”这一新的管理策略。

（三）建立与市场经济相适应的治理结构需要政府职能转移并向社会放权

支持社会组织参与提供社会服务的目的不仅局限于对社会服务效率的考量和对社会组织管理的需要，从更长远和更深层的意义上来看，这是改革发展的内在要求，更是构建多元化社会治理结构的战略考虑。

改革开放三十余年来，中国政府通过向市场放权，首先将市场解放出来，极大地释放了社会生产力，并迅速解决了经济发展和人民生活水平提高的问题。但是随着改革的进一步推进，一些深层次的问题和矛盾逐渐暴露出来，如何在保持经济增长的前提之下，更加注重社会公平成为政府不得不面对的新课题，它要求必须增强社会政策的公平性和可持续性，必须要调整现有的利益结构，达到社会资源更均衡化的配置。但是从客观上来看，在这一过程中仅靠政府的一己之力是不够的，也无法保证改革的公平性和彻底性。政府越来越意识到必须要更多地依靠社会，通过向社会放权，实现改革的突破性进展，并增强改革的稳妥性。因此，积极培育社会组织发展，重塑政府、市场和社会之间的良性互动关系，将会是社会体制改革的一个重要议题，也将成为推动改革并构建现代治理结构的重要手段。

三、政府向社会组织购买服务的制度现实

尽管政府向社会组织购买服务具有积极的意义，在实践中也产生了良好的效果，但是由于中国现阶段发展所存在的一些现实问题，它也面临着一些严峻的挑战。

（一）政府职能不清、监管能力缺乏

政府向社会组织购买服务首先要厘清购买什么，这要求必须对政府职能进行细致划分，厘清哪些职能必须由政府承担、哪些可以向社会组织进行购买；其次，购买服务要求政府的管理能力特别是监管能力相对成熟。在购买服务中，参与者的增多和权力的分散以及服务评估的困难使政府管理购买项目变得十分复杂，与直接提供服务相比，要求更加细致地规划、有效地管理和评估。但是在中国，这些条件显然还不够成熟，这使得购买服务可能会面临一定的风险。

这些风险将集中体现在以下三个方面：一是政府职能转移不到位，如不愿转移、过度转移、无序转移等，甚至有可能把本应该由自己承担的事务推给社会和市场。二是政府干扰社会服务市场的正常运行。由于“强政府”惯性的存在，政府可能会干预社会组织的具体运作，从而导致社会组织失去其灵活性、专业化的优势。实践经验显示，政府为降低风险，社会组织的运作通常会按照“政府化”的方式予以要求。三是政府无法对购买服务进行科学有效地监管，从而导致购买服务产生诸多不良后果，最终影响购买服务的效果。而这几个后果一旦产生，将有可能使购买服务在实践中遭遇巨大的阻力。

（二）社会组织发育滞后、公信力弱

在西方，社会组织的发育相对成熟，参与购买服务的社会组织通常都发展了较长时间，在参与购买服务前即承担了大量的公共服务的项目，具有良好的社会影响和事业基础，政府在对社会组织的管理与合作方面也积累了较为丰富的经验。但在中国，由于政府让渡的空间有限、社会组织本身的问题以及文化和制度等各方面的原因，其发展一直相对滞后，在数量、规模、专业化和社会公信力方面都存在着较大的问题。目前，政府向社会组织购买服务具有既购买服务又培养发展的双重意义，这种情况可能会导致如下风险的产生：

第一，由于社会组织的成熟度不高，可能会导致服务的规范性和专业性较弱，严重时甚至影响公共资金安全、损害服务者权益。第二，由于社会组织数量少，政府很有可能缺乏选择，无法“择优”，从而损害购买服务的质量。广州市在试点过程中已经暴露出了这一问题。第三，可能会导致社会组织对政府的过度依赖，从而失去独立性。在广州、深圳等许多地区购买服务的实践中出现了一种值得警惕的倾向，即许多社会组织在参与购买服务的过程中不仅没有增强自身的独立性，反而强化了对于政府的依赖，一些社会组织甚至纯粹是为了获得政府的项目而产生的，社会组织对政府的依赖有可能从行政性依赖转向经济性依赖。第四，社会组织的影响力和公信力弱使其参与社会服务需要更多的共识。由于历史和文化的原因，社会公众对社会组织的认识和认可程度都比较低，而各级政府对社会组织的认识也不到位，仍然对其持一种怀疑甚至是否定的态度。在目前社会组织发育仍然稚嫩、公信力较弱的情况下，由社会组织参与提供公共服务，仍然需要一定的社会环境支持。

（三）政府与社会组织的合作经验缺乏

在中国，一直习惯于行政性管理的政府还缺乏与社会组织合作的经验，在激励与监管、合作与竞争中还需要寻求恰当的方式，达到既保持政府和社会组织双方的独立，又能避免传统行政管理官僚主义倾向的目的。政府不了解社会组织的运作规律，在政策制定时就会“无的放矢”，相关的竞标、评估和监管制度就会容易脱离实际或者比较粗，无法达到科学规范社会组织的目的。实践资料显示，一些地方为避免风险，甚至在购买服务中将社会组织与官方社团进行捆绑，以保障资金和项目的安全性。

要达到“合作”的目标，政府必须要转变理念，构建与社会组织之间平等的伙伴关系、规范的经济关系、协作的社会关系。同时必须要健全相关的法律制度，特别是与社会组织合作的制度，规范彼此的权责范围。

第三节　政府向社会组织购买服务的实践偏差

如上节所说，购买服务存在理论上的可行性，在实践中也有动力，却依然面临诸多现实中的障碍，这些障碍导致购买服务在实践中产生了一定的偏差，在一定程度上偏离了政策初衷。①

一、购买服务出现政策偏离的趋势

第一，政府职能出现无序转移。由于政府职能不清、政社关系不明和项目规划不充分等原因，实践中出现了许多政府职能无序转移的情况：一是购买服务项目的分类混乱。如政府职责内与职责外的职能区分不清、基本公共服务与非基本公共服务区分不清、“为政府”提供服务和“为社会”提供服务的项目区分不清等；二是政府和社会组织出现双重服务。即政府既向社会组织购买服务，自己也从事相应服务的现象，并未起到政府“瘦身”的作用；三是不同社会组织出现重复服务，即多头购买、多家社会组织提供同类服务的现象，造成资源浪费；四是出现同一组织既享受财政拨款又参与购买服务，即“做一件事、拿两份钱”的现象。如大量群团组织、事业单位参与到购买服务中，在其还未与政府完全脱钩的情况下，使转变政府职能变得更加复杂。

第二，社会组织发展遇到新问题。由于社会组织发育滞后、政府监管能力缺乏和政府让渡空间有限等原因，社会组织在购买服务中遭遇到了新的问题：一是社会组织出现无序参与。实践中，大量良莠不齐的社会组织加入到购买服务的队伍中，一些组织将购买服务视为一个“生意”而纷纷成立，另一些组织则为了

① 该部分内容已发表于2013年1月25日《学习时报》，这里做了适当的截取和修改。

获得购买服务的“名声”而出现了盲目参与。二是草根组织遭遇新排斥。调研发现，草根组织在招投标中经常处于劣势，而官方或半官方社会组织则往往享有优先权，其原因不仅在于官方组织更容易满足购买服务的“资格要求”，更重要的则是因为它们拥有与政府的天然联系。三是社会组织的自立能力可能被抑制。由于过分依赖政府资金，一些社会组织正在失去社会募款的动力和能力，而另一方面，由于资金使用的严苛要求和项目管理的烦琐程序，越来越多的社会组织也在购买服务中逐渐失去原有的灵活性。购买服务政策的初衷是希望通过资金的注入与项目的引导使社会组织更好、更快地发展起来，但实践中却出现了无序参与、盲目发展、遭遇排斥等复杂的情况。

第三，购买服务的供给与需求出现错位。尽管购买服务是将政府原来直接提供的服务项目交由社会组织来承接，但其政策出发点却不是政府的需求，而应是公众的需求。但是在实践中，购买服务的项目大都没有进行充分的需求评估，而是政府根据地区发展水平和转移职能的要求，考虑自身的中心工作和财力水平而编制的项目类别。在项目执行过程特别是监督和评估中也缺乏服务受众的有效参与。这种情况下，购买服务项目的激增只是公共服务在数量上的增长，在种类的多元化、服务的专业化、服务的目标定位上都与实际需求存在一定的距离。

综上所述，购买服务政策在执行中的实际效果与其预期目标之间出现了一定的偏离。

二、购买服务缘何出现政策偏离

（一）源于对购买服务的目标理解不准确

购买服务是一项含有多重目标的政策体系，促进政府职能转变、社会组织发展和提高公共服务供给能力是其共同目标，而这些目标之间是相辅相成、相互支撑的。偏重于某一孤立目标，或对其中任何一个目标理解不准确都可能使政策在实践中出现偏离。从目前来看，实践中对购买服务目标的理解至少存在以下几个方面的问题：

一是将购买服务的目标片面理解为政府职能转移，因此出现过于关注政府需求而忽略公众需求、过于关注政府负担减轻而忽略社会组织承接能力的倾向；二是将政府职能转变片面理解为职能的“外”移，因此过于关注形式上的“向外转”，而忽略了转移的根本目的，即政府职能的回归；三是将培育社会组织片面理解为资金投入。社会组织发展最现实的困境确实是缺乏资金，但资金却并不是阻碍其发展的根本症结。过于关注资金投入而忽略外部制度环境的改善和组织自身能力的建设，往往会使其发展出现畸形。

（二）源于对购买服务的外部环境条件认识不充分

购买服务不是一个孤立的政策，而是处在一个复杂的外部政策环境之中。

缺乏相应的外部支撑条件，购买服务不可避免地会在实践中出现偏差。购买服务政策的顺利推行需要注意以下几个外部条件：

一是需要政府职能相对清晰，政社、政企界限相对明确。只有这样，才能明确购买什么类别的服务、向什么组织购买该类服务以及购买多大规模的服务。而在当前政府职能依然不清，政社、政企依然不分的情况下，购买服务则很容易出现分类混乱、参与无序、程序不当和效果不佳的问题。

二是需要“信任”的社会土壤。只有政府、社会组织和公众之间相互信任，社会组织才能真正参与到公共服务当中。但是当前政府、社会组织与公众之间缺乏足够的信任，甚至社会组织之间也互不信任，这是导致政府歧视草根组织、对社会组织进行过度控制，公众对服务的参与度低以及社会组织之间出现无序竞争的重要原因。

三是需要基本的政策共识。当前，由于购买服务还处于试点和推广的阶段，中央和地方之间、政府部门之间、政府和社会组织之间以及社会组织内部对购买服务的认识都存在不同的理解，在是否需要购买、购买什么、向谁购买、如何监管、如何评估等问题上存在一定的理解差异。有些担心失去控制，有些担心利益受损，有些担心法律制约，有些则担心老百姓反对等，这使购买服务的具体操作要么被设置了一些不必要的障碍，如过于严苛的资格要求、过多的成本效益分析等，要么则往往比较粗糙，只求将资金拨付下去完成任务即可。

四是需要完善的配套政策，如社会组织登记管理制度与新政策相适应的财税制度、灵活的项目管理制度等。配套政策不具备，政策在推行一段时间后就会遇到“天花板”，使其发展方向出现偏离。目前，购买服务是一项创新性政策，而且具有较大的地方性特点，而与其相关联的一系列配套政策却并未相应调整，地方可能也没有调整的权限，因此不可避免地影响了政策在实践中的顺利推进。

（三）源于新政策遭遇旧实务所产生的“水土不服”

购买服务是政府的一项新政策，它要求政府要与社会组织“合作”，要适应公共服务多元化、市场化的新环境，但是实际上政府却缺乏相关的经验。因此，当新政策在实践中遇到旧的行政习惯时，往往就不可避免地出现偏差。如新政策要求科学的绩效评估和结果管理，但政府却依然习惯于刻板的程序管理；新政策要求体制外社会组织的广泛参与，但政府却依然习惯于在体制内进行项目的流转；新政策要求服务更加贴近群众的需求，但政府却依然习惯于家长式的包办等。

三、避免购买服务政策偏离的几点建议

购买服务在实践中所出现的政策偏离，与政策本身还处于发展阶段，需要不断完善和细化有关，也与政策目标的不明晰和缺乏对外部政策环境的分析密切相关。要进一步完善购买服务，使其在实践中取得良好的政策效果，需着重注意以下几个方面。

（一）建立科学规范的购买服务制度

1. 合理界定购买服务的项目范围

科学购买服务的第一步需要清晰地分类政府的职能范围，将一些可以由社会

组织承担并且社会组织也有能力承担的项目转移出去，即要避免政府。卸责的出现也不能出现政府的过度揽权。2012 年广东省出台了《政府向社会组织购买服务暂行办法》，并公布了《省级政府向社会组织购买服务目录》，计划将除法律法规规定和涉及国家安全、保密以及司法审判、行政决策、许可、审批、执法和强制性事项之外的所有其他项目有序地向社会组织进行购买。而北京等一些地区也有相应的政策出台，这是购买服务的一大进展。

2. 明确购买服务的主体及其在购买服务中的权利与义务关系

目前购买服务的主体比较复杂，既有政府机关也有政府派出机构，既有社会团体也有党团组织和事业单位，容易产生资源浪费。同时参与购买服务的主体界定也不准确，营利性与非营利性、公益服务类与互益服务类区别不明显，需要进一步限定。在界定购买主体的基础之上，还需要明确购买双方的权利和义务关系，社会组织要与政府划清边界，承接主体要与委托单位的权责关系明晰，避免重新陷入政事不分的困境，使社会组织成为另一类“事业单位”。

3. 建立规范的采购制度

一是建立公开、公平、严格、规范的竞标制度；二是建立严格的准入和退出制度，社会组织必须有一定的资质才可以参与到购买服务的竞标中，如出现违规行为和服务质量不达标等情况则要有相应的惩罚或淘汰机制，通过竞争激励社会组织；三是尽量采取公开竞标的方式购买，避免非竞争性购买；四是要建立统一的采购平台，避免资源的浪费。

4. 建立严格的监管制度

在监督的主体上，采取政府监督、第三方监督、社会公众监督和专家监督相结合的方式。在第三方监督方面，要尽可能地培养并发展针对社会组织的会计事务所、法律事务所、审计事务所和专业调查公司等机构。社会公众监督要最大限度地吸纳消费者监督和学会利用媒体监督。

5. 引入科学的评估制度

在评估的主体方面，更多地采取第三方评估，使其与政府评估相结合，当前许多地区的评估队伍依然不够规范，出现了评估者也是参评者的情况，必须逐一杜绝；在评估的内容方面，要更多地采纳消费者评估的意见，重视过程评估和结果评估；在评估的手段方面，要抓紧制定科学的评估指标体系，完善相关的信息系统建设。

（二）健全相关的配套制度

1. 健全社会组织的相关政策和法律

社会组织发育滞后是购买服务顺利推行的一大障碍，为此应在社会组织的注册、管理和扶持等方面进一步加大政府力度。目前，一些地区如广东等已经降低了社会组织注册的门槛，但全国范围内社会组织发育的空间依然不够宽松。此外，中国一直没有一部专门、全面、严谨的《民间组织法》或《社会组织法》，对社会组织的性质、地位、职能等缺乏明确、规范与可操作的法律界定，对于社会组织的内部管理，特别是在人才制度、社会保障等方面的管理也缺乏相应的政策规定，亟须加以解决。

2. 完善购买服务的财税制度

目前，政府向公益服务类社会组织购买社会服务并未纳入非营利组织免除所得税的范围，而大量新兴的社会组织也并未在免除营业税的范围之内，在税前扣除资格方面，对民办非企业单位也缺乏必要的扶持。因此，有必要在国家《营业税暂行条例》《企业所得税法》《关于非营利组织企业所得税免税收入问题的通知》《关于公益性捐赠税前扣除有关问题的通知》等相关法律法规中，争取减免相关税收。

3. 健全相应的慈善制度

为避免社会组织单纯依赖政府资金，增强社会组织的独立性，需要健全相应的慈善制度以支持针对社会组织的捐款捐助，扩大社会组织的资金来源，同时也可以提高全社会对社会组织的监管力度和认可程度。

此外，政府购买社会组织服务的发展还需要一个更大范围内的政策环境的支持。如深化各级政府、政府各部门、全社会对购买服务目标和意义的认识，增强共识、了解差异、增强信任。如建立社会组织的培育机构和培育基地，帮助社会组织提升专业能力、规范发展、解决一些诸如人才培育、人事代理、资金托管、银行贷款等外部问题。要努力创造一个社会组织良性竞争的市场环境，使政府购买服务具有更多的可选择权，在激励中培育社会组织发展、在竞争中促进公共服务效果的提升，更大程度地保障服务对象的权益。而进一步地加大宣传，促进全社会对社会组织的容纳则更是一项长期的任务。

第四节　总结：多层回归

国家福利责任的转变是回归的趋势，但回归却具有深层次的含义，一方面是有限的，另一方面它是多层次的。多层回归是国家福利责任在“实施结构”上的回归，即在不同责任领域的不同程度的回归，这种回归是国家责任与自身能力的一种更为恰当的平衡，是寻求社会福利供给效率最大化的一种表现，政府、企业、社会与家庭等各类不同福利主体分别承担程度有别、内容有益的福利责任，通过优势互补达致社会总体福利供给的增多。

一、国家责任的回归是内容有别的多层回归

国家责任的回归是有层次的，其多层性首先表现于在福利责任的不同层面，即制度设计、资金支持、服务传递和管理规范方面分别回归。正如“社会福利责任结构”的研究框架所分析的，实施结构是一种福利供给“质”上的结构，是不同责任主体在不同福利责任类型上的有机组合。因此回归首先应是分类别、分内容的回归，即在制度设计、资金支持、服务传递和制度规范方面分别回归。

在第六章的有限回归中，通过对新老农保的分析，我们已经发现政府在制度设计、资金支持、服务传递和管理规范等方面都在回归，但显然回归已不再像以前一样粗放，过度强调政府责任，而是更加注重细节，哪里缺补哪里，如新农保

的成功关键就在于政府补贴的到位。在本章政府与社会组织合作的分析中，我们也发现，政府对服务传递并不是非常积极，而是更加注重调动社会力量的参与。但是在资金投入上依然有所强化，即通过付费的方式引导其他力量参与到福利服务的提供当中。因此多层回归的第一层含义指的是国家回归，是职能细分基础上的有差别回归。

二、国家责任的回归是程度有异的多层回归

在职能细分的基础上，国家责任将有程度不同的回归，这是多层回归的第二层含义。

在第六章有关养老保障的概述性分析中，我们已经发现国家回归重点是在资金支持和制度设计上的回归，而对新旧农保的分析也已发现在不同的福利内容上，国家的干预程度是不同的。在本章有关政府向社会组织购买服务的分析中，我们发现，实际政府在服务传递上相对于以往无所不包的垄断式风格来说，反而是有所撤退的，是希望由市场和社会来提供服务，政府则进行资金投入和服务监管。因此，国家责任尽管在回归，但在不同的福利责任内容上，回归的程度甚至方向都是有差异的。目前，在制度设计和资金投入方面，国家的干预在增强，但在服务传递方面则有意识的撤退。而随着未来政府职能转变和社会发展的要求，对政府监管能力的要求也会越来越高，但从目前来看，政府的监管手段和理念依然比较滞后，还停留在传统的行政监管上，因此未来在这方面的压力将会比较大。

三、国家责任的回归是优势互补的多层回归

国家回归并不意味着替代或挤出其他福利主体的责任，相反，国家责任的转变必然要伴随市场、社会以及非正式支持网络的发展。国家回归寻求的是福利供给模式的最优组合，是一种优势互补的政社合作。

在本章的分析中，研究已经指出政府向社会组织购买服务的重要原因在于社会组织比政府更有效率、更贴近服务需求、更专业，因此可以将一部分社会服务交由社会组织来做。但社会组织的弱点，特别是中国社会组织的弱点在于资源短缺，基础薄弱，需要政府的支持。因此政府向社会组织购买服务实际实现的是政府和社会组织的双赢，也是有利于公众的三赢。

从“社会福利责任结构”的分析框架来看，也可以发现不同福利主体在不同福利责任上的能力是有差别的：

从“社会福利”上来说，市场在“资金”上的投入相对较少，企业履行社会责任，如向社会捐助等行为，不是按照市场逻辑而是按照社会逻辑行事的，因此不能称为市场行为，但企业通过企业年金、为员工参投社会保险的方式所履行的社会责任除外。尽管市场不会白白投入资金在社会福利领域，但市场可以经由购买服务的方式在社会福利领域参与服务的提供。

理论上，社会可以在“资金支持”“服务传递”和“管理规范”等三个方面发挥作用。但是中国公民社会的发育并不成熟，社会慈善事业依然是政府独领风骚，管理规范则还没有被纳入常规日程，目前最擅长、最容易发展，政府也相对支持的领域就是服务传递。因此最近几年，社会组织在服务传递上发挥的作用将会越来越大，但可以预知的是，随着社会的发展，社会力量在资金支持和管理规范上将会日益重要。

以上分析暗合了本章对“政府向社会组织购买服务的理论逻辑”的分析，政府失灵、市场失灵说明了社会组织存在的必要，而志愿失灵、契约失灵和第三方治理理论则说明了政府与社会组织走向合作的原因。政府与社会组织的合作是一种强强联合和优势互补，是一种以政府之长补社会组织之短的合作，以社会组织之长补政府之短。财政部重点倡导的 PPP 模式，用意也是如此，要调动社会力量以弥补政府各方面能力的不足。因此多层次回归最重要的含义就是政府、市场、社会组织和非正式支持网络之间的合作式回归。

第八章　改革政府：国家责任转变的内在向度

国家责任的转变，蕴含着矛盾与冲突的可能。一个积极干预社会的政府可能会给民众的福利带来较大的改善，但也可能由此产生权力扩张，出现权力滥用损害公民的利益。因此当我们谈论“国家回归”时，并不是指的要回归过去，即计划经济时代，而是相对于改革开放之后国家在福利领域内的市场化改革中撤出的一种相对回归的趋势，回归既是总量上的也是结构上的，是有限的多层回归。与此同时，尽管国家回归要求国家权力和责任的适度匹配，但国家权力应有其范围，政府在行使国家权力时应受到监督，应更加透明和高效，适合现代社会治理的理念。从这个角度上来说，国家责任的转变不能用“回归”来简单概括，它还蕴含着远超于回归的内涵。

实际上，国家回归在实践中属于政府职能转变的一部分，是政府向服务型政府转变、向掌舵者转变的一种形式。政府与其他社会主体形成优势互补，以政社合作的方式共同向社会提供公共服务即是政府职能转变的一种重要方式。因此，政府的角色不仅要回归，还要合作，而为了与其他主体合作，还必须要改革自身。

改革政府，使政府成为适应社会发展要求的更有能力、更加透明、更加高效的政府是最近十几年世界公共管理的重要命题。1997 年，世界银行报告《变革世界中的政府》聚焦政府的作用，提出了政府能力的问题，指出好政府应该做好其最应当做的事，适当地做其可做可不做的事，最关键的是做好其必须应当做到的事。许多学者，尤其是自由主义者们通常认为管得更少的政府是好政府，但《变革世界中的政府》则指出政府管得“少”与“多”并不重要，重要的在于能够管理有效、良好的政府应当对社会经济的发展起到促进的作用。

在本章中，研究将从政府内部改革的角度，以医药卫生体制改革，特别是公立医院改革为例，来分析国家责任转变的“内在向度”，即自我改革的艰难探索。我们将看到，在国家垄断式供给最为凸显的医疗领域，在公众期待最为强烈的领域，在各种复杂矛盾盘根错节的领域，政府是如何适应社会发展的需要而不断改革自身的，在这个改革的过程中，又面临着哪些障碍与挑战，从而丰富国家责任在“回归”之外的更深层次意涵。

第一节　责任细分：以公立医院改革为例

政府的社会福利责任可以被细分为制度设计、资金支持、服务传递和管理规范等四个方面，由于政府在制度设计方面通常有不可推卸的责任，因此服务传递、资金支持和管理规范即谁出钱、谁来办、谁监管的问题往往成为福利改革的焦点。如何将这三个部分适当切分，并且与社会和市场形成精巧合作几乎成为每一个福利领域改革的重点内容。实践中，那些矛盾利益并不突出的领域，这种公共服务链条的切割显得并不难，比如，一些社会福利服务的供给如养老服务、残疾人服务等，如上一章所分享的政府购买服务多在这类领域。而另一些公共服务领域，政府的垄断式供给模式却非常强势，如教育、医疗等，政府垄断供给的模式不仅具有巨大的惯性，其服务的公共性和复杂性也远甚于其他服务领域，参与供给该类服务的组织也与政府有密不可分的关系，因此改革这些领域本质上是改革政府，其难度之大可想而知。

以下研究将以公立医院改革为例，从分析公立医院改革的政策环境入手，从服务传递、资金支持和管理规范三个方面来分析当前公立医院改革的重点和难点，指出转变政府职能，改革政府的公共服务供给模式是当前各个领域福利改革的焦点。

从社会政策的角度而言，公立医院运行的政策环境主要涉及“供给”“支付”和“监管”即“谁来办、谁出钱、谁监管”三个方面的问题，而改革的中心也是要厘清这三者之间的关系，使之形成有效地衔接与联动，从而创造出一个既有活力又有秩序的医疗服务环境。“谁出钱”的问题主要涉及政府财政补偿和医疗保险支付；“谁监管”的问题则涉及卫生行政部门监管和医保基金监管；而“谁来办”的问题则涉及管办分开、多元化（多层次）办医以及公立医院管理体制改革等。厘清这三个方面的问题，实际上就是将政府的职能进行理顺，从而澄清改革当中的争议。①

一、澄清“供给”“支付”与“监管”体系中的一些关键性争议

（一）支付体系

资金补偿不足一直被视为是医院出现“市场化”趋势的重要甚至是根本原因，补偿的渠道主要是服务性收费和财政补助。新医改之后，补偿机制成为改革的焦点，如何补偿到位，如何通过补偿来约束公立医院行为甚至是改变其运行机制，存在一些争论需进一步澄清。

1. “补供方”还是“补需方”？

持“补供方”观点的人认为需进一步加大政府对公立医院的投入，通过直接补偿医院的方式来实现公立医院的公益性，解决人民看病贵的问题。而持“补需方”观点的人则主张提高医疗保险的筹资和支付水平，认为通过第三方支付的方式，既可以形成对医院服务的有效监管，又可以提高病人的支付能力，解决

① 该节的以下内容已发表在《行政管理改革》2010 年第 6 期，这里对原文做了修订。

“看病贵”的问题。“补需方”的观点和模式目前已得到大多数人的认可，在实践中，许多试点城市的医疗支付体系也是在向第三方支付转移。

但不可忽视的是，当前仍有一些观点在单纯地强调政府财政补助的重要性，认为公立医院改革必须要不断地加大、甚至是只能加大政府的财政投入。这种观点其实是在政府干预与市场竞争之间做了一个非此即彼的二元选择，是对“市场化”的过度反应，其风险是有可能将改革重新拉回计划经济，由“政府包办”所有的医疗服务，必须要慎重对待。

2. 医疗服务如何定价？

医务人员的技术价值未能在服务价格中如实体现是普遍的共识。从医疗服务市场良性运转的角度而言，要实现医务人员待遇的提高并解决医院“卖药”的问题，医疗服务价格体系中体现医务人员劳务价值的部分应该提高。但是如何提高，提高到多少，由谁来提高，这些问题从外部看却是相当复杂，在传统的定价体制之下，必然会让物价部门十分头疼。

但如果我们从公立医院运行环境的角度综合性地来看待这一问题，实际上却并不复杂，即部分纳入市场定价的机制。而如何有效地约束市场定价，则要靠医疗保险谈判机制的实现，通过医保支付控制医疗服务价格，约束医院行为。但是从试点的情况来看，改革在这一点上并未有实质性的突破。

3. 财政补偿补什么？补多少？

政府的财政补助必不可少，特别是对医院承担的社会责任部分以及作为出资人对公立医院的一些大型项目建设的支持。但政府补贴必须要把握三点：第一，政府的财政补助不能过多地干预医疗服务市场；第二，财政补助必须要透明、公开，不能是一笔糊涂账。如由于医院管理经营不善而导致的亏损不应属于财政补贴的范围，否则医院依然没有脱离原有的靠政府吃饭的行政管理体制；第三，政府的财政补助应向市场失灵的领域重点倾斜，如公共卫生服务、农村偏远地区的医疗服务、基层医疗服务建设等。

支付体系是政府公共服务中最核心的领域，传统的习惯是由政府来统一支付、财政包办，但是改革开放之后，市场化的趋势使政府开始在资金投入上走向保守。卫生事业改革曾一度被批评为市场化，政府的财政补偿不到位、不充分，导致公立医院出现营利化趋势。但是政府的回归是否意味着在支付体系上的全面投入呢？而投入的方式是不是大包大揽呢？上述分析说明，政府在支付体系上应该进行更加精细化的改革，应当对补偿谁、怎么补偿、补偿什么、补偿多少等四个问题进行精心策划。

（二）监管体系

从目前来看，监管涉及卫生部门的行业监管和医保基金监管两大部分，未来随着医疗服务市场的充分发育，医疗服务行业本身的自我监管也将扮演重要的角色。从目前来看，在“谁监管”的问题上有两个非常重要的问题亟需解决：

1. 管办分开之后，卫生行政部门如何适应新的变化，依靠何种手段有效监管医院

管办分开是当前公立医院改革的最大难点，也是改革的主要瓶颈之一。对卫生部门来说，管办分开意味着转型上的困难，必须要从原有上级主管部门命令式的管理方式向现代意义上的依法监管转变。实践中许多卫生部门对此并未有充分的准备和认识，因此始终无法突破。卫生部门的行业监管需要依法而行，因此要求相关法律规则的建立、细化与可操作化。

2. 医保机构如何面对庞大复杂的医疗服务市场，进行有效的谈判

首先，有效的谈判机制首先依赖于充分发育的医疗服务市场，即医保机构可以有选择权和淘汰权。其选择的标准不是以“公立”或“私立”来判断，而是以服务的效益来判断。因此，监管的效果依赖于多元化办医格局的实现。

其次，医保机构的谈判能力还取决于医疗保险的覆盖情况。只有医疗保险的覆盖面越来越宽，医院收入中来自医保支付的比例越来越大，医保的谈判能力才会越来越强。此外，在人口流动性日益增强的同时，医保的统一性与可衔接性也将极大地影响它的谈判能力。

最后，医保机构的经办能力也非常重要。随着参保人数的不断增加，医保机构所承担的任务将越来越繁重。以深圳市为例，2010 年深圳常住人口有 891 万

人，当年7月份，医保参保人员达到1 045万人，全市医保服务量一年超过4 000万，而专门负责医保基金的人保局医保处人员仅有19人，加上市区一级，共有编制50多人，平均每人针对服务人口超过20万。这种超大服务量对于监管质量来说是一个较大的威胁。

监管是政府职能中的重要一环，随着政府职能转变的深入推进和公共服务中的政社合作的不断推广，政府的角色将越来越多的是监管者，即掌舵者，但是从目前来看，无论是行业监管还是医保监管，都面临着日益严峻的挑战。政府角色的转变需要在监管体系上下大力气，学会依法监管，而不是依靠行政监管，学会调动第三方力量参与监管，而不是完全自身监管。

（三）供给体系

1. 办医主体如何真正去行政化

“管办分开、政事分开”是试点中涉及体制、机制最深的两个密切相关的问题，从目前来看，在这两方面仍有许多问题未取得共识。如履行办医职能的类似医院管委会或医院管理中心之类的机构是设在卫生部门之外还是卫生部门之内？医院管委会或管理中心主要由政府成员构成还是由医院员工代表或社会人士等非政府人员构成？法人治理结构到底应该是何种组成和运行方式？这些问题关系到医院是否能够真正成为一个自主的办医主体。

由此可见，改革试点中所出现的许多尝试大多囿于形式，并未真正突破管办合一的局面，一些法人治理结构也大多是议事性组织而非决策性机构，其人事制度改革也与所有事业单位改革一样面临着诸多障碍。要想有所突破，必须彻底转变传统管理理念和政府的行为方式，实现办医机构的真正“独立”——相对于政府的独立，而对“独立”后的医疗机构的管理也必将从传统的行政化管理向专业化管理过渡。

2. 多元化办医格局如何实现

公立医院改革需要外加推力，而推力之一就是多元化办医格局的形成，它有赖于社会力量的广泛参与和健康成长。目前，公立医院在整个医疗服务市场中依然占据绝对的垄断地位。以深圳市为例，2009 年政府办医院占据市场 79% 的床位，如加上国有资产性质的企事业办医院，国有医院共占据市场 86% 的床位数。深圳已是较早对民营医院放开的城市之一，但是社会力量的发育仍然比较缓慢。民营医疗机构（包括各种诊所）的数量不少，但大都规模小、服务水平低，无法与公立医院抗衡，因此不能激活整个医疗服务市场。

改变公立医院的垄断局面必须允许、鼓励、支持社会力量参与进来，在行业准入、税收、用人、参与医保定点等各个方面使之享受与公立医院同样的机会。但是从目前来看，许多地区对社会力量仍然心存疑虑，认为其“以营利为目的”，且管理较为困难。要真正突破多元办医的格局，一方面要制定细则支持社会力量发展，另一方面则要放手公立医院，推动医疗服务市场的公平发展。

3. 医疗服务如何实现有效下沉

积极引导患者向基层分流是当前改革试点中的一大亮点，许多地区在这一方面采取了非常有力的措施，如加大基层体系建设、积极推行社区首诊制度等，但同时也存在一些诸如双向转诊“转上不转下”、社区首诊依靠强推等问题。从可持续发展的角度而言，服务的下沉有赖于居民就医习惯的改变、基层医疗服务水平的提高以及医疗服务资源的科学规划。提高基层医疗服务水平短期内可以采取专家坐诊的方式，但从长期来看，必须从培养基层医疗服务人才和完善基层诊疗技术、设备水平等方面着手，因此要求国家在医疗资源的配置上进行重点倾斜，同时要科学规划并细化基层医疗机构和中心医院的资源配置与服务重点，做到分工有别、重点不同，实现居民的理性就医，合理引导医疗服务的下沉。

供给体系中，政府职能无疑将最早、最快地实现转变，但在一些涉及体制机制的环节和领域，却也恰恰是改革阻力最大的地方。如大量提供公共服务的事业单位如何改革？全国和地方性的各类官办社团如何去行政化？这些都是当前改革中的难点，许多地方尝试了很多年但难以有实质性的突破。改革这些组织，通常意味着改革政府自己，意味着割断自身的利益关系，可谓难上加难。

二、理顺“供给”“支付”与“监管”之间的关系

供给、支付与监管是相互影响的三对关系，也是改善公立医院整体运行环境的三大重要支柱，只有理顺三者之间的关系，形成相互支撑，才可以达到医疗服务体系的良性运转，任何一个出现短板都会影响整个公立医院改革的成效。

“谁出钱”与“谁监管”相互支撑。支付是监管的重要武器，而监管则是支付的基础条件和运行保证。除了行业监管，第三方支付式的医疗保险监管是最直接和最有效的监管手段；此外，出钱者也自然要求监管体系的完善，只有完善的监管体系才有利于保证医保基金的安全和使用效率。因此，支付体系的建立必须伴随着监管体系的完善。

“谁监管”与“谁来办”之间密切相关。前者可以为后者创造良好的运行环境，并约束后者，达到提高服务水平、效率和质量的目的；而后者的充分发展则可以使前者通过“淘汰机制”实现监管的有效性。最为重要的是，“管”与“办”是公立医院改革中的核心关系之一，只有处理好这二者的关系才可以突破公立医院改革的瓶颈。

“谁出钱”与“谁来办”也密切相关。完善的支付体系依赖于服务体系的充分发育，只有这样才能实现以市场为基础的谈判机制；而服务体系的充分发育则以补偿机制的完善为基础，只有公平、合理的补偿制度的存在，服务体系才能顺利发展。

总体而言，供给、支付与监管体系密切相关，在很多情况下甚至是一体两面的，一种政策手段可能同时涉及两个甚至三个政策体系。如图 8.1 所示可以较为简单但却比较全面地表达这三者之间的相互联动关系及其对整个公立医院运行环境的支撑。

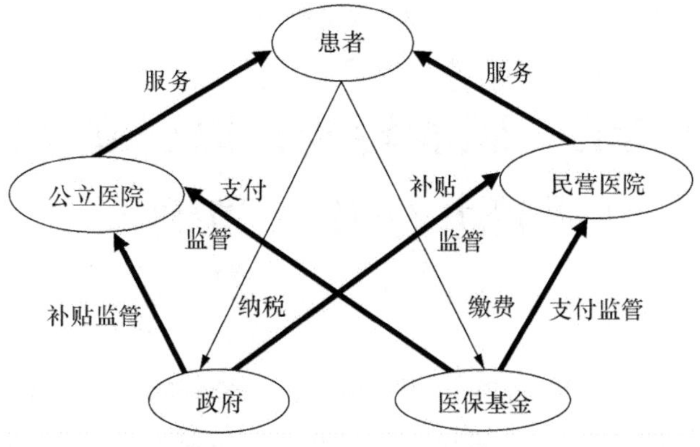

图 8.1　医疗服务运行环境简化图

从图 8.1 可以发现，政府主要履行补贴监管的责任，医保基金则履行支付监管的责任，公立医院和民营医院共同为患者提供服务，履行供给责任，而患者通过缴纳税收和医疗保险费换取相应的支付服务。政府与医保基金之间具有紧密联系，供给、支付与监管之间相互支撑，这三者之间的有效衔接和联动是形成公立医院良性运转的政策基础。

公立医院改革是一个涉及多方政策的综合性改革，必须从其运行的整体环境出发，全面地考虑改革的具体措施和手段。当前试点中所遇到的一些争议，大多是从一个侧面出发，单方面考虑问题的结果。通过对公立医院改革的政策环境的分析，我们可以发现，供给、支付与监管体系之间存在相互支撑、相互制衡的密切关系，只有厘清并正确运用三者之间的关系才能突破公立医院改革的瓶颈，形成充分发育的医疗服务市场、规范有序的医疗服务秩序与合理适宜的医疗服务价格，真正解决群众“看病贵、看病难”的问题。

公立医院改革是政府公共服务领域改革的典型代表，公立医院改革所遇到的诸多问题也是其他公共服务领域包括社会福利领域中的普遍问题。改革政府在支付体系、监管体系和供给体系上的传统做法，通过政府、市场和社会的通力合作，实现三大体系的相互支撑，才能实现政府职能的有效转变。

第二节 职能转变：以公立医院“管办分开”为例[①]

在支付、供给和监管体系中，涉及体制机制最深的是供给体系的改革，这类改革通常意味着政府要将原有直接提供服务的职能剥离出去，实现管办分开、政事分离。如果改革得以推行，大量事业单位将进行改制，多数社团协会将实现去行政化，而政府也将停止对这些组织的直接输血和直接管理，实现监管者和举办者的分离，实现运动员和裁判员的分离。就因为如此，管办分开以及由此而导致的政事分离是当前公共服务改革和政府职能转变中最大的难点。

以公立医院改革中的管办分开为例，自2010年《公立医院改革试点指导意见》出台之后，各试点城市“按照医疗服务监管职能与医疗机构举办职能分开的原则”分别进行了各有差别但也不乏雷同之处的改革，一时之间出现了大量“管办分开”的地方模式，其评论也是莫衷一是。客观总结现有改革的经验，特别是“管办分开”的模式，从中发现制约改革的瓶颈以及改革得以推行的前提条件变得尤为重要。为什么同样的改革设计会产生不同的实践操作，这些操作之间到底有何差别，又是什么原因导致了这些差别，理清这些问题不仅有助于我们更准确地把握当前管办分开的实践本质、助推下一步公立医院改革的全面推开，同时对事业单位的改革也将会有重要的借鉴意义。

一、“管办分开”的实践模式

改革试点以来，甚至是在试点开始以前，许多地方已结合自身特点对公立医

① 该节的主要内容已发表在《山东师范大学学报（社科版）》2012年第10期，这里对原文内容进行了增减修订。

院的管理体制进行了大胆地探索。从现有的实践形式看，不同城市对管办分开的理解和实际操作既有相似之处也存在较大的差别，使实践中的管办分开呈现出复杂的形态。

（一）北京模式

北京市管办分开的模式有二，其一是海淀区的公共委模式，其二是医管局模式。

2005 年 7 月，北京市海淀区组建了海淀区公共委，将原属于卫生局和文化委下属的 29 家事业单位纳入统一管理，公共委由区政府授权履行举办职能，是区政府的特设机构，但没有公共行政权力，与其他政府职能部门是平行关系，重点履行对所属事业单位的发展规划、人事、财政和绩效考核工作，而原有的行政部门则履行业务指导和考核的任务。

北京市医管局成立于 2011 年 7 月，是卫生局下的二级局，也是国内首个列为行政序列的医院管理机构。成立后的医管局现负责市属 22 家医院的资产管理、服务质量管理、绩效考核、领导班子任命等，在全市范围内统一配置医疗资源，并通过相关人事制度、绩效考核制度、收入分配制度、院长负责制等逐渐下放公立医院运营权。与此同时，原卫生局的职能相应调整，重点履行全行业统一监管的职责。“管办分开不分家”的模式在业内引起了较大的争议，医管局能否真正实现对医院人、财、物的全面管理，而调整后的卫生局又是否真的能坐正“裁判员”的位置仍是一个有待时间检验的问题。

（二）上海模式

2005 年 9 月，上海市成立申康医院发展中心，作为政府办医的主体和公立医院资产运营的主体，负责公立医院的规划、管理、资产监管和绩效考核。而卫生局则重点负责全行业的政策制定和管理，包括人员、技术、设备的准入，机构设置的审批和整个行业的质量监管。新成立的公立医院管理机构属于国有非营利性事业法人，隶属国资委，与卫生局平行。通过理事会制度，申康与相关政府部门间建立了良好的沟通协调机制，将公立医院的相关管理权进行了整合。与此同时，申康还向医院下放了一部分管理自主权，如内部组织机构设置、中层干部聘任、人才引进等权力，同时加强对医院的绩效考核。

（三）无锡模式

2005 年 9 月，无锡市在卫生局之外成立了与其相平行的事业单位——医院管理中心，作为政府办医的责任主体和所属国有资产管理的责任主体。医管中心属行政类事业单位，参照国家公务员制度管理，负责管理政府所有的公立医院的人、财、物和业务，确保国有资产的安全有效运营；卫生局则履行公共卫生管理、行业监管和业务指导职能。医管中心通过医院管理委员会实现与相关政府部门的协调，与卫生局之间通过联席会议制度就重大事项进行协商。医管中心与下属公立医院采取“托管制”的方式，与医院签订委托管理的合同，将所有权和经营权适度分离，赋予医院一定的自主权，明确其服务和资产经营的指标，同时保证公益导向。

此外，还有一些城市采取了其他的方式来改革公立医院的管理体制，如镇江的医疗集团化模式、潍坊通过卫生局整合医院管理权而采取的“管办分开不分家”的模式等。为什么各地会产生如此众多的管办分开模式，有哪些因素影响着实践中对管办分开的具体操作，要回答这些问题必须要进入实践，去具体分析改革操作中所存在的争议。

二、“管办分开”的实践争议

管办分开的目的是为了将政府的办医职能和监管职能区分开来，但是如何彻底分清而不是单纯地另设一个部门则是一个比较复杂的、操作性问题。为保证举办机构设立的有效性和卫生部门监管职能的真正实现，各试点城市在改革中面临一些亟须澄清的争议：

（一）办医机构与卫生行政部门的关系

履行出资人和举办者职能的机构与原有的卫生行政部门之间是何种关系，是管办分开面临的首要问题。实践中，举办机构与卫生行政部门的关系呈现出以下三种形态：

一是平行关系，即举办机构独立于卫生行政部门之外且与其平行，如上文所提及的上海申康中心和无锡医院管理中心；二是隶属关系，即举办机构隶属于卫生行政部门，“管”与“办”的职能在卫生部门内部分开，如上文提及的北京市医管局；三是交叉关系，在卫生部门外成立公立医院管理机构，但是在卫生部门下设执行或办事机构，或者由卫生局负责同志担任办公室负责人。如鞍山、七台河、芜湖、遵义等城市即采取了相应的模式。

在改革之初，管办分开给人的印象似乎是削弱卫生部门的权力，因此在实践中遭遇到较大的阻力。许多地区对是否有必要在卫生部门之外设立一个新的机构、设立后的机构与卫生部门之间如何协调沟通以及新设机构能否最终达到改革的目的等问题充满了疑虑。这些争议的关键在于如何理解“监管职能”与“办医职能”的具体含义及相互关系，它决定了“管”与“办”将在何种程度上分离。

（二）办医机构与其他相关政府部门的关系

设立办医机构的目的之一在于解决“出资人”缺位的问题，实现对公立医院的统一资源配置、规划和管理。但事实上，有关公立医院的管理权却被分散在诸如发改、编办、人保、卫生、财政等不同的部门当中，俗称“五龙治水”。因此，新设立的举办机构能否理顺与相关部门之间的责权利关系，决定了它能否真正实现“出资人”到位的目标。

实践中，我们会发现有两种不同的情况：一种是类似上海的模式，它通过理事会的形式将其他相关部门的权力形式上地整合在了一起，相关政府部门都是理事会成员，对有关公立医院的重大决策实行统一协商的制度。与此类似的还有无锡、潍坊等。另一种是类似于北京市医管局的模式，办医机构没有相应的机制整合相关权力。这种情况很有可能使新成立的机构无法实行统一的资源配置和协调发展。

许多地方认为，在操作管办分开的过程中，分开只是第一步，更重要的在于分开后的办医机构能否实现管资产、管人和管事相结合的一体化管理，使“出资人”真正到位。因此，如何重新界定办医机构与其他部门的责权利关系并建立相应的权力协商机制成为关键。

（三）办医机构的上属机构是什么

办医机构的行政级别及其隶属关系影响了其是否有相应权威来协调并推进与“办医”相关的一切事务。在实践中，办医机构通常有三种不同的隶属形式：一是直接隶属政府，与卫生部门和其他相关部门平行，如上文提到的无锡医院管理中心；二是隶属于卫生行政部门，作为卫生部门的二级机构，如北京市医管局；三是隶属于国资委，通过国资委向政府负责，与卫生部门平行，如上海申康。此外，也有相关讨论探讨使办医机构隶属与类似国资委的“事资委”模式，如海淀区公共委的情况。

这些争议所围绕的依然是办医机构的角色定位，其中关于办医机构是否隶属于国资委在实践中的争议比较大。这涉及对经营性资产与非经营性资产区别的认识，即二者在资产性质、运营方式、考核机制上是否一致。

（四）办医机构与政府的关系

管办分开到底是政府职能的内部分开，还是政府职能的彻底转变甚至剥离，这涉及办医机构最终的职能定位。理论上，办医机构可以是行政机构、事业单位或是公法人，甚至是完全私有化，但从实践的情况来看，办医机构则大都处于与政府较近的位置。如上文提及，北京市医管局属于政府机构，海淀区公共委属于政府特设机构，无锡医管中心属于行政类事业单位，上海申康属于非营利性事业单位。

将办医机构设在政府内部或是与政府密切接近，具有一定的合理性，有利于改革的操作，也有助于权力的协调。但是也有争议认为，如果出资人依然属于政府的内设机构，则代表管、办没有实质性分开，裁判员依然是运动员，监管也只是“内部人”的监管，无法达到改革的预定目的。这些争议的关键依然是对管、办职能的理解。

（五）办医机构与医院之间的关系

新设立的办医机构如何对下属公立医院进行科学、有效地管理在实践中也备受关注。如果办医机构依然按照原有模式对公立医院进行管理，那改革就等于原地踏步。按照改革的设想，办医机构受政府委托履行公立医院出资人和举办人的职责，负责属地所有公立医院统一的资源配置、规划、运营和管理，并通过理事会等形式的法人治理结构履行对公立医院的重大决策职能。而公立医院则具体执行办医机构的决策，通过院长负责制和法人治理结构等实现自主运营和多元监管，拥有一定的自主经营管理权。

从实践情况来看，办医机构的决策权力有多大，它下放给公立医院的权力有哪些，它又依靠什么手段来有效地管理医院成为改革的关键。从理论上讲，办医机构的决策权有三个来源：继承原卫生行政部门的权力；整合其他部门的相关权力；上收医院的某些权力，如大型设备购置、药品招标采购等权限。它下放给医院的权力通常是具体的运营权，如用人自主权（自主招聘医院非主要管理层、医务人员）、经费使用权（医院可使用相应结余）、内部分配制度、经营机制权等。而它所依据的管理手段则将向科学化、专业化的绩效考核方向转变，其人事管理、资金拨付的方式都会发生相应转变，最终实现如同政企分开一样的政事分开，使所有权与运营权适度分离。

因此，办医机构在获得相应权力后能否向下适度分权，赋予公立医院真正独立自主的地位，将成为管办分开后的另一重要课题。尽管这更多地属于政事分开的内容，但却与管办分开密不可分。

综上所述，实践中围绕着管办分开的具体操作有许多争议，这些争议集中体现在以“办医机构”为核心的纵横交错的五对关系之中，而对这五对关系的理解不同影响了改革在实践中的具体操作。具体而言，实践中的争议主要集中在以下三个方面：从横向上来看，办医机构与相关部门之间的责权利如何划分，应有相应的法律和政策依据；从纵向上来看，需要一个有效的机制整合并协商相关权力，使办医机构能够切实履行决策权，也可以向下适度放权，并可以有效地履行出资人的管理权；办医机构与政府之间的关系亟须理顺，应保证出资人在到位的同时不会重回内部人监管的老路。而所有争议的核心，主要在于对管办分开内涵的理解和把握。

表 8.1　几种实践模式所呈现的五对关系

	北京市医管局	北京海淀区公共委	上海申康	无锡医院管理中心
与卫生行政部门的关系	隶属关系	平行关系	平行关系	平行关系
与其他相关政府部门的关系	缺乏权力整合与协商机制	缺乏权力整合与协商机制	通过理事会协商，有权力整合机制	通过管委会协商，有权力整合机制
上属机构	卫生局	区政府	国资委	政府
与政府的关系	政府机构	政府特设机构	非营利性事业单位	行政类事业单位
与医院的关系	有限下放自主权	契约式管理，下放部分经营自主权	下放经营自主权	托管制，下放部分经营自主权

三、“管办分开”的内涵及其实践特点

（一）“管办分开”的内涵

从理论上看，管办分开是一场政府职能的变革和部门责权利关系的重新界定，它的产生来源于公共服务链条的可分离性，即服务的出资者、监管者与具体

提供者是可以相互分离的，而这种可分离性使得政府、市场、社会组织可以在公共服务的供给过程中相互合作、强强联合，实现优势互补。这种分离的趋势自20世纪新公共管理运动兴起以来逐渐席卷全球，已影响了越来越多的国家公共服务模式的转型。

从中国的实践来看，公共服务链条分离的现实要求来源于当下公共服务需求日益增长和多元化的外部压力。由于监管不力、管理滞后、效率低下、缺乏竞争等原因，传统政府大包大揽、垄断式的公共服务模式越来越无法适应现代社会的要求，亟须进行管理体制和运行机制的改革，而管办不分即是改革的重要内容之一。

公立医院改革的管办分开指的是“医疗服务监管职能”和“医疗机构举办职能”的分开。具体而言，“管”指的是卫生行政部门的全行业管理职责，即统一规划、统一准入、统一监管；而“办”则指的是政府办医的职责，即负责公立医院的资产管理、财务监管、绩效考核和医院主要负责人的任用。因此，管办分开首要分开的是监管权和所有权，即作为行政管理者的职能与作为国有资产所有者职能的分离。这种分离不是简单的另设机构，而是彻底的职能分开，使“监管”真正成为一个来自外部的、公正的监管。实践中，办医机构与各相关政府部门之间的关系、其行政隶属和角色定位都导源于对这两种职能分离的理解。

但是管办分开不仅仅是分开监管权和所有权，更重要的是使分开后的所有权真正到位，实现对公立医院的高效管理。按照文件要求，公立医院所有者和管理者的责权也要理顺，所有者主要负责“公立医院的功能定位、发展规划、重大投资、院长及医院管理层薪酬制定等”，而“公立医院独立法人地位和经营管理自主权”则要落实，因此公立医院的经营管理自主权与重大决策权在实践中也应该是分开的。由此，管办分开在实践中将不仅要分开监管权和所有权，还需要进一步理顺所有权与运营权，即决策者与执行者之间的关系。实践中，办医机构与下属公立医院的关系本质上即属于所有权和运营权的相互关系。

基于以上分析，我们可以得出一个简化的有关管办分开的概念图。从图8.2中可以发现，实践中管办分开的过程将会涉及三种不同的职能，即监管权、所有权和运营权的分离。第一个“分离”是监管权和举办权（本质是所有权）的分离，这种分离可以采取设立专门办医机构的形式予以实现，但其本质却是职能的彻底分离。而仅仅将举办权分离出来还远远不够，举办机构的真正到位还有赖于其权力的具体治理机制，即如何整合以及下放权力。因此，实践中的管办分开还会涉及第二个“分离”，即所有权和运营权的适度分离，尽管这更多地是政事分开的内容。而在这三项职能分离的过程中，法人治理结构将成为重要的权力整合与协调机制，它将影响所有权和运营权的真正到位。

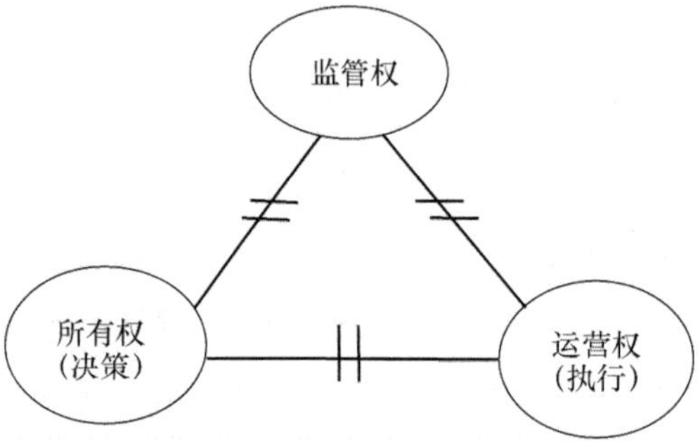

图 8.2 “管办分开”概念图

监管权、所有权和运营权的分离实际体现了公共服务链条中监管者、出资者和具体提供者的分离，这种分离也实现了监管权、决策权与执行权三者之间的相互制衡与相互协调，理论上看，这种分离将会改变原有政府垄断性提供服务的弊端，提高服务的供给效率和质量。

（二）“管办分开”的实践特点

实践中的争议说明，在管办分开的过程中，清晰界定公立医院的监管权、所有权和运营权之间的界限及其相互关系非常重要。从改革的具体操作上来看，各试点城市在管办分开时更多关注的是监管权和举办权在形式上的分离，更多讨论的是政府职能的内部分开，因此许多新设立的办医机构与相关部门的职能关系没有被明确区别开来，也没有脱离与政府的行政隶属关系。这使得管办分开的具体实践呈现出“形似而神不似”的特点。但也有一些城市如上海、深圳等地在界定责权关系方面进行了艰苦的、细致的探索，如深圳市试图成立一个类似于香港医管局的公法人机构，通过法律的形式界定相关的责权利关系。

从现有改革操作及其效果来看，管办分开在实践中呈现出以下几个特点：

1. 管办分开通常会表现为设立新的办医机构

设立新的办医机构从表面上来看是“管”与“办”的职能在形式上的分离，但实际上它却可以使管办分开能够具有更坚实的机构基础和外部推力。在现有的制度环境下，如果没有机构的分离，一方面职能的分离会面临更大的阻力，另一方面则会使得这种分离无法从根本上克服政府内部监管的传统问题。因此对实践者来说，以设立新机构的形式来促成管办分开，是一个更易操作、同时改革也较为彻底的方式。

2. 管办分开将首先表现为政府职能的“内部”分开，然后再向法定化的方向发展

管办分开是一个渐进的过程，从管办不分、管办不清到管办分开、管办清晰，需要一个过程。实践中的管办分开，要么是在卫生行政部门内部实行管办分离，要么是在政府内部实行管办分离；办医机构要么是政府的行政机构，要么是行政类的事业单位，体现了所有权与监督权分离的不彻底性，这是改革的阶段性表现。但是随着改革的进一步推进，履行所有权的办医机构则应当逐渐远离政府，成为一个法定机构，以彻底分开监管权和所有权，实现真正的公平监管。这不仅是改革的要求也是实践发展的必然。

3. 管办分开不仅是权力的分离，还是权力的整合与协调过程

监督权与所有权分开后，需要解决所有权的到位问题，而所有权到位后则需要解决公立医院自主权即运营权到位的问题，因此仅仅分离权力是不够的，还需要建立权力的整合与协调机制，这就有赖于政事分开与法人治理结构的建立与完善。因此，实践中的管办分开与政事分开的关系似乎呈现出承上启下的分步特征。

管办分开本质上是一个责权利关系的重新调整过程，在实践中会遇到许多障碍。如果能够做到相关职能的清晰界定与协调的顺畅有力，从近期和长期来看，管办分开将至少会达到以下几个效果：一是强化监管能力，卫生行政部门将更好地履行全行业统一监管的职责，改变传统行政性监管的方式，更多地依靠依法监管；二是强化举办者的管理能力，举办机构将依靠科学化、专业化的管理手段，而非行政性手段，实现对医院的资产管理和绩效考核，同时确保其公益性的体现；三是推动社会化办医，随着监管权的归位，卫生等相关政府部门将坐正位置鼓励、引导和支持社会资本发展医疗卫生事业；四是增强公立医院的自主性。随着所有权的明确以及所有权和运营权的适度分离，公立医院将更多地按照市场规律来提供服务，提高服务的运行效率和质量。

实践中的管办分开是一个涉及面较广、政策性较强、周期性也较长的改革过程，它需要分步解决各种权力的分离和治理机制，因此面临部门博弈的阻力较大，推进的速度也较为缓慢。但是管办分开在实践中的走向基本上是不会改变的，具体只不过是形式上的差别和时间上的先后。

四、总结："改革政府"之职能细分与外移

通过对公立医院改革中政府福利责任的细分和详解以及对实践中"管办分开"的分析，我们将会发现一个更为复杂的国家责任转变的"内在"图景。这一图景说明，国家责任转变远不是单纯闭合的"回归"与"合作"这么简单，它还包含了政府对自身进行改革的艰难探索。"改革自身"是"回归"与"合作"得以顺利实现的前提和有效保障，没有对自身职能的厘清和转变，真正的"回归"与"合作"无从谈起；而"回归"与"合作"则会要求政府必须"改革自身"，从某种意义上来说，这是一种倒逼，是对政府传统治理模式的真正冲击，也是政府应对社会形势发展变化的必然选择。

政府"改革自身"的第一层含义是对其职能的厘清和分离。在公共服务各领域中，厘清职能首先是厘清其供给、支付和监管的职责，改变以往大包大揽的

垄断式管理模式。厘清职能要始终秉持“关系性”的视角，注意各项职能之间的复杂关联，特别是相互制衡的关系；厘清职能的目的，是使政府职能回归本位，转变“管办不分”“政事不分”的管理弊端，实现真正意义上的政社分开，使政府成为一个高效、透明、负责的现代政府。

政府职能分离的现实后果可能只是内部的形式分离，即政府职能的清晰化，但最终目标则应是部分职能的“外移”，即“简政放权”，从这一意义上来讲，政府“改革自身”的第二层含义将是职能外移，即放弃部分传统“公共权威”，将其转交给市场和社会，并在此过程中形成合作治理的新模式。在接下来的一节中，我们将会以培育社会组织发展为例，分析政府在与社会分享公共权威的过程中所面临的问题。

第三节　合作治理：以社会组织发展为例

在“政府购买服务”一章中，研究对政府与社会组织合作的理论基础、现实原因和实践形态已进行了相关分析，对社会服务领域中的政社合作有了一定的了解。本节内容将重点关注政府如何通过转变自身的职能来培育和引导社会组织发展，形成公共服务供给中真正的“政社合作”，以此来透视政府职能转变和改革的可行模式。

随着国家治理体系和治理能力现代化的深入推进，社会组织的重要性日益为政府、学界和社会所认可，如何培育社会组织使之成为现代社会治理中的重要一员成为近几年政府工作的重点内容之一。仅在2016年，国家就出台了《关于改革社会组织管理制度促进社会组织健康有序发展的意见》《中华人民共和国慈善法》《关于通过政府购买服务支持社会组织培育发展的指导意见》《境外非政府组织境内活动管理法》和一系列的财税支持政策。应该说，社会组织的发展正在面临前所未有的历史机遇。

中国社会组织的发展同时也一直存在着难以摆脱的困境，登记困难、管理混乱、人才缺乏、资金不足、社会认可性不高、政府支持不到位等使社会组织长期在既不支持也不管理的“边缘”地带成长，发展速度和专业化程度都不高。面临新的历史机遇，社会组织的发展是否能够摆脱原有困境，走上良性运转的道路呢？本节将重点就此内容展开分析。[①]

一、问题起源

自20世纪90年代以来，大量研究开始关注中国本土社会组织的发展道路与生存逻辑。研究发现，中国本土社会组织主要有“自上而下”和“自下而上”两种产生路径，许多社会团体呈现出“官民二重性”或“准政府性”的特点，其运作逻辑也往往呈现出“形同质异”和“组织外形化”的特征，这说明了在“二重制度空间”或“非协调约束”的情况下，转型期的中国社会组织必须要动员体制内与体制外两种力量的现实。另一些研究也发现社会组织的发展受到“行政机制”和“自治机制”的双重支配，其发展要同时依赖“体制内”和“体制外”的两种资源，研究将这一转轨过程中新旧体制交织的局面称为“双轨制”，并认为双轨制只是一个过渡地带，随着它的消失，中国的社会组织将会成长为一个独立的组织要素。

但是实践中的双轨制却一直并未消失，而处于“双轨制”之中的两类社会组织也一直未能摆脱根本的发展困境。对自上而下的组织而言，“官方”是其一直无法摆脱的标签，体制内的先天优势在带来资源的同时，也不可避免地使其沾染上了官僚体制的习气，并令其遭遇着越来越大的社会合法性危机；而对自下而上的组织来说，无法获取官方的资源和合法性支持也依然是其发展的最大瓶颈。“双轨制”对社会组织发展的影响到底有哪些？如果说它是一个过渡地带的话，那么社会组织通过“双轨制”，走向可持续发展的现实路径又在哪里呢？

① 本节以下内容已发表于《中国行政管理改革》2013年第6期。

以往的研究在解读当代中国社会组织发展的制度环境和行动策略方面提供了许多有用的视角，但它们显然还不足以回答上述问题。其关键原因在于它们要么是从单一视角出发对自上而下或自下而上组织所分别进行的研究，而缺少同一视角下的对比性分析；要么是过于关注宏观背景和政策解析，而忽视组织发展的具体路径，因而经常出现以“目标性要求”替代“现实路径”的倾向。因此，有必要建立一个统一的分析框架，对比性地分析各类社会组织所面临的具体问题，并从中发现其摆脱困境的现实路径。

二、双轨制：一个初步的分析框架

（一）双轨制：转型期中国社会组织发展的特殊环境

费孝通先生曾用“双轨政治”来描述中国传统的政治体系，他认为中国传统的政治轨道有自上而下与自下而上两条路径，前者是集权式的有形组织，代表了皇权；后者则是地方自治式的无形组织，代表了绅权。“政治绝不能只在自上而下的单轨上运行，一个健全、能持久的政治必须是上通下达，来回自如的双轨形式。”20 世纪 90 年代，一批较早关注社会组织的研究者们第一次使用“双轨制”来概括转型期中国社会组织生存的环境，他们发现了社会组织在审批、职能、工资编制、经费来源、工作人员聘用等方面所受到的行政体制与社会体制的双重影响以及由于双轨摩擦而产生的一系列规范、结构和角色冲突的问题。

受此启发，本文将“双轨制”界定为当下中国社会组织发展的一种特殊路径，它指的是社会组织的产生既有来自于政府自上而下的推动，也有来自于社会自下而上的推动；其资源既来自于政府，也来自于社会；而其运行也往往受到原有的行政体制和现代自治体制的约束。双轨制可从两个层面解读：第一，不同社会组织有不同的发展轨道；第二，同一社会组织的发展也会受到来自不同轨道的影响。埋论上讲，“社会组织”本应更多地受社会自治体制的影响，但是却由于中国转型期所特有的政治、社会和文化特点，导致其也受到行政体制的较大制约。“双轨制”强调的是行政体制和社会自治体制对社会组织发展的双重影响，在当前，“双轨”之间更多地是平行关系，而并未达到上下贯通、相互交融的状态。

实践中，“双轨制”对不同类型的社会组织的影响是有差异的，有些组织更多地受到政府的影响，而有些组织则更多地受到社会的影响，影响主要集中于“资源”与“约束”两个层面。按照这一思路，可以将社会组织划分为四个不同的类型，如图 8.3 所示。

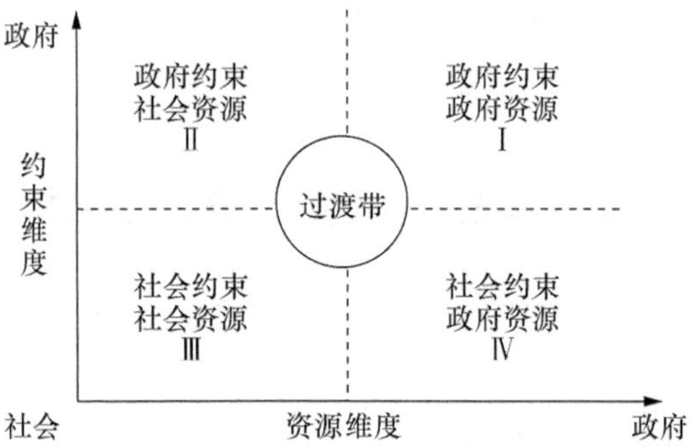

图 8.3　双轨制下的社会组织类型

类型Ⅰ：资源主要来自政府，主要受政府约束的社会组织，这是典型的自上而下的官办组织。该类组织在西方发达国家较少，但在中国却非常典型，特别是在改革开放初期。这些组织可能也拥有来自社会的资源，但却主要依赖于政府，因而受政府的约束较大。

类型Ⅱ：资源主要来自社会，但却受政府约束的社会组织，这是已经社会化或市场化的官办组织。该类组织面临较大的张力，具有明显的独立倾向。目前中国的某些官办组织已呈现出类似特点。

类型Ⅲ：资源主要来自社会，主要受社会约束的社会组织，这是典型的自下而上的草根组织。中国绝大多数草根组织都是该类组织，它们往往缺乏来自政府的资源和支持。

类型Ⅳ：资源主要来自政府，但却受社会约束的社会组织。从目前来看，该类组织在中国较少，但在西方国家比较典型，是政府与社会组织合作提供公共服务的政策结果。从理论上来讲，该类组织也面临较大的张力，存在失去独立性的风险。但是西方的研究发现，这种担忧在实践中并没有被证实。

从理论上来看，真正的社会组织应该是由社会自发产生并自我管理的社会组织，因此类型Ⅲ（社会资源社会约束）应该是最纯粹的社会组织。但是西方的理论和实践经验则表明，社会组织的资源有很大一部分实际上来自于政府的支持，因此类型Ⅳ（政府资源社会约束）在实践中也非常典型。但不管如何，它们大都是“自下”产生的，即应遵循社会自治体制，这也体现了社会组织的真正含义。但是在中国，社会组织却呈现出比较典型的“自上而下”或“自下而上”两种形态，其中类型Ⅰ是典型的自上而下的官办组织，而类型Ⅲ是典型的自下而上的草根组织，而其余两种社会组织并不普遍，即便有也多由前两种类型转变而来，因此研究类型Ⅰ与类型Ⅲ这两类社会组织成为透视中国转型期社会组织发展的典型代表。

类型Ⅰ与类型Ⅲ这两类组织都面临着各自的发展问题，前者无法真正植根于社会，而后者则无法获得充足的资源，在协调国家与社会关系方面无法充分发挥应有作用。因此有研究认为，中国的社会组织需同时利用来自政府和社会两种资源，并遵循政府和社会两种约束，才能在转型期获得较好地发展。因此，两种约束和资源的交叉地带，即图中的“过渡带Ⅴ”成为社会组织发展的一个重要的过渡阶段。问题的关键是，社会组织是否能够进入这一过渡阶段？它们又是如何进入这一过渡阶段的呢？

（二）双轨制：一个社会组织发展的初步分析框架

为具体研究双轨制的影响，以更好地判断社会组织的类型及发展状况，我们将双轨制的影响细化为 8 个主要变量，试图以定性归类的方式来分析社会组织发展的状况。其中，资源性变量被细化为“场地和办公设备等来源”“工资、福利与奖金来源”“业务经费来源”“项目来源”“工作人员来源”五个方面，而约束性变量则被细化为“业务工作审查”“财务工作审查”“领导和工作人员任命”三个方面。由此，设计出一个简化的分析图。如图 8.4 所示，在影响社会组织发展的每一个变量上，“社会”和“政府”都是一个连续链条的两端，而具体社会组织的发展往往是处于链条中的某一点，有时受政府的影响大，有时受社会的影响更大。

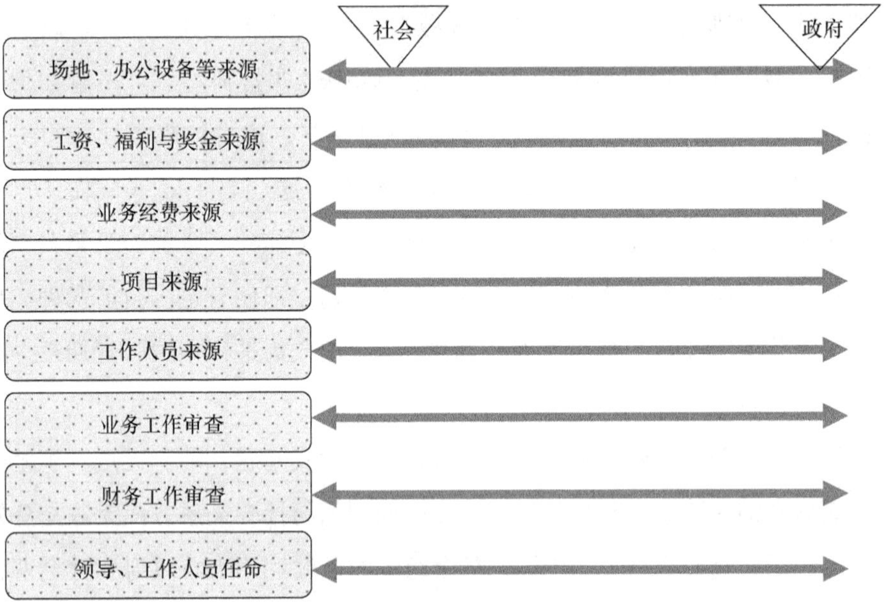

图 8.4　社会组织发展的双轨制分析框架

三、以四个社会组织的发展为例

（一）调研背景

本文试图以广州市的社会组织为例来透视社会组织在双轨制下的发展状况，这不仅因为该地社会组织的数量较多、发展较快，更重要的是因为最近几年广州市在引导和培育社会组织方面有许多创新举措，从某种程度上改变了传统社会组织的生存环境，并极大地影响了社会组织的发展。从2008年开始，广州开始试点向各类公益服务类社会组织尤其是社会工作组织购买服务，项目资金从最初的430万元激增至2010年的8 000万元，通过一系列办法和政策的完善，使社会组织参与公共服务有了更好的平台。2010年，广州市建立了市一级的社会组织培育基地，引进一些具有典型示范性、刚刚萌芽处于筹备过程中或已经具备基本条件但欠缺独立发展能力的社会组织，为它们提供政策和资金扶持，提供办公场地、信息平台、项目策划、能力培养及后勤综合管理等服务。此外，政府还逐步改革了双重登记管理体制，降低社会组织的登记门槛。2012年出台了《关于进一步培育发展和规范管理社会组织的方案》，明确了坚持社会组织民间化和自治化的改革方向，致力于推进现代社会组织体制的建立。

2011年2月和6月，作为“广州市社会管理和文化管理创新研究”课题组的成员，我对广州市的一些社会组织进行了深入调研，走访了社区、社会组织、社会组织培育基地、民政局、政府研究室等五类单位，以深度访谈的形式访问了社会组织负责人、社会工作者、服务对象、政策制定者等四类人员，获得了丰富的一手资料。2012年，对一些组织的后续发展又进行了文献追踪研究。

（二）四个社会组织

本文选取癌症患儿家长会、星空社会工作发展中心、逢源人家服务中心和尚善社会服务中心等四个民办非企业单位为分析对象。按照双轨制的分类方式，家长会和星空属于类型Ⅲ，是典型自下而上的草根组织，但星空的发展更为顺利，它更多地利用了政府资源，已学会综合利用体制内外的两种资源；逢源与尚善则属于类型Ⅰ，是典型自上而下的官办组织，但逢源的发展更为蓬勃，它更多地利用了社会资源，已有了较好的社会基础并保持着一定的独立性。因此，分别对比四个社会组织，将有助于我们发现“双轨制”对社会组织发展的具体影响。四个社会组织的基本情况如表8.2所示。

表 8.2 四个社会组织基本情况

	家长会	星空	逢源人家	尚善
组织类型	类型Ⅲ	类型Ⅲ	类型Ⅰ	类型Ⅰ
产生路径	自下而上	自下而上	自上而下	自上而下
服务内容	癌症患儿家长支持	心理咨询、青少年服务等	社区服务	司法矫正
发起人	体制外个人	原体制内个人	街道	司法局
资源主要来自	社会	社会 + 政府	政府 + 社会	政府
约束主要来自	社会	社会	社会 + 政府	政府

（三）比较：四个社会组织的发展路径

仔细比较四个社会组织的发展路径，特别是星空和逢源，可以帮助我们更清晰地厘清社会组织在双轨制下的生存策略。

从总体上来看，家长会和星空都属于自下而上产生的民间组织，但星空的发起人有在体制内工作的经验，原为南方发展研究院心理健康研究所的所长，且长期参与团市委青少年心理咨询热线项目，与政府有合作基础，因此其获得的项目多与政府特别是团委有关。而家长会则明显不同，它的发起人是一个普通的企业员工，缺少体制内资源，因此其资源多来自社会捐助，发展较为艰难，且长期无法注册；逢源和尚善则都是自上而下推动产生的具有半官半民特点的社会组织，但逢源拥有较好的社会合作基础，是街道与香港国际服务社和香港邻舍辅导会合作十年之久的产物，并在 2008 年“变身”为民间组织，其原属街道的人员全部分流，仅保留主任和法人代表为街道事业编制人员，其运作也已相对独立，是在某种程度上已经社会化了的组织。而尚善则明显不同，它一直由司法局管理和指导，其法人代表、理事长等都为司法局人员，不具有独立的财务权和人事权。因此粗略地看，尽管尚善和逢源人家都是自上而下产生的社会组织，但尚善受政府约束较为明显，而逢源却已相对独立；家长会和星空都是自下而上的社会组织，但家长会更加“草根”，而星空受政府支持较为明显。“双轨制”对四个组织的影响程度各不相同，由此导致组织所处的发展阶段也各有差异。为了更具体地分析这一点，我们使用之前所构建的框架对这四个组织逐一进行分析：

场地、办公设备来源：四个社会组织都受到了来自政府的帮助。家长会和星空是进驻社会组织培育基地，家长会获得了一个1平方米的格子间，在注册前不缴费。星空的办公场地较大，但需缴纳约2 000元的管理费；逢源人家与尚善则分别是由街道办事处和司法局提供场地，逢源人家会缴纳部分租金，而尚善并不缴费。此外，逢源人家服务平台的搭建都借助了社会资源，如其下属的康龄服务中心最早由香港邻舍辅导会负责装修费用及购置设施和物资，而街道只是提供场地。因此，如果按照“社会—政府”的维度进行分类的话，可以认为尚善最靠近“政府”，逢源人家次之，家长会和星空尽管受到“政府”的资助，但程度稍弱，它们更依赖于“社会”。

工资、福利和奖金来源：家长会与星空一样，都是依靠自己解决，而逢源人家与尚善则部分依赖政府财政拨款发放工资。逢源的主任是街道办事处事业编制人员，其他的30多名社工都是招聘而来，但街道有时会帮助其解决工资等困难；而尚善则至少有4名人员是司法局原职工，享受或部分享受体制内待遇，其他社会招聘人员只有3名。如果按照“社会—政府”的维度进行分类，可以认为家长会和星空靠近“社会”一端，而逢源与尚善则靠近“政府”一端，但相比而言，尚善受到政府的支持更大。

业务经费来源：家长会基本没有获得来自政府的资助和购买服务项目，资金主要来自社会捐款，其2012年上半年的财务报告显示，在63.6万元的收入中，捐赠收入为63.4万元，仅有1 000元是来自民政局的奖励款。而其余三个组织都享有政府购买服务的资金和相关资助。星空2010年3月至2011年3月的财政结算报告显示，在共计37.6万元的收入中，来自购买服务的项目资金已达30.2万元。逢源和尚善的资金则主要来自于政府购买服务的资金，实际上二者就是为了承接政府购买服务而成立的。仔细比较这四个组织的经费来源可以发现，家长会主要靠社会资源，而其余三者主要靠政府资源。但星空是通过竞标的方式获得的政府资源，而逢源人家和尚善则是政府直接委托，政府对三者的支持还是差异的。另外，与尚善不同的是，星空和逢源人家还拥有相当一部分社会资源。如星空2010年的财政结算报告显示，它还有约7.4万元来自其他基金会和项目的资金。而逢源人家则综合利用了街道办事处、香港社会组织以及本土慈善基金会等三个方面的资金来源。因此，综合其业务资金来源，可以认为家长会位于“社会”一端，而星空、逢源人家与尚善则更靠近政府，但相比较之下，尚善主要依靠政府，而星空和逢源人家则同时拥有社会和政府两类资源。

项目来源：家长会没有参与购买服务，其活动通常都是组织自行开展，其余三个组织都参与了政府购买服务项目，需按照项目要求开展活动。但相比而言，星空至今依然保留着最初的服务项目，每年从全球基金和比尔盖茨基金会获得项目支持，并不仅仅依靠政府的项目；逢源人家虽承接了大量购买服务项目，但其项目很多是根据社区居民需求来开展的，也依然保留了早期大量非政府购买的项目，其六大服务平台也并非完全围绕“购买服务”运转；而尚善则主要承接政府委托项目和职能，其工作甚至成为政府司法工作中的重要一环。如果按照“社会—政府”的维度进行排列，可以认为家长会依然处于“社会”一端，尚善依然处于“政府”一端，而星空和逢源人家则相对处于中间。

工作人员来源：家长会和星空主要依靠来自社会的志愿者，其专职工作人员和理事会成员也都是自愿、自发组织在一起的。但逢源人家和尚善则由政府派驻的工作人员来管理负责，工作队伍中既有来自体制内的人，也有来自体制外的工作人员和志愿者。但与尚善不同的是，逢源人家的社会化色彩更浓，它大量使用了社会力量，除香港社工、本地高校社工学生及毕业生以外，它还拥有一支约6 000多人的义工队伍。如果按照“社会—政府”的维度进行排列，可以认为家长会与星空更靠近“社会”，而逢源人家与尚善则处于中间，但是逢源拥有更多体制外工作人员，比尚善更靠近“社会”。

业务审查、财务审查、领导及工作人员任命：这三个方面集中反映了社会组织的独立性，即其受约束程度的大小。资料显示，家长会和星空只在法律和政策范围内受到来自政府的监管，如年检等，而在业务工作、财务工作、领导和工作人员任命方面具有完全的自主权。由于广东省在2009年规定，将登记所必需的“业务主管单位”改为了只要有“业务指导单位”即可，更是从体制上削弱了草根组织受行政体制约束的可能。正是在这种形势下，家长会得以在2011年10月底成功登记注册，注册成功后，组织依然保留了较强的自主性。

但逢源人家和尚善则不同程度地受到行政体制的约束。二者都由政府发起，有一定的行政编制、业务不是完全自主、经费不是完全自筹、人员不是完全自聘，在一定程度上受到行政体制的影响。但相比之下，逢源人家拥有更大的自主权。尽管它由街道成立，街道办事处也一直是其行政督导，会在发展目标和规划方面对其进行干预，但在专业方面，机构则完全接受来自香港社会组织的督导。具体分析逢源的治理结构，可以发现它采取了政府、社会组织和公众“合作治理”的方式，将行政管理与社会自主管理融合在一起。逢源人家的管理机构主要包括顾问委员会、服务指导委员会和理事会：“顾问委员会”主要由政府相关部门的领导、合作机构的负责人、街道领导担任，但只负责评估，并不进行决策；“服务指导委员会”由街道分管副主任与香港合作机构负责人构成，是真正的决策机构；而“理事会”由社工、义工和辖区单位相关人士构成，更多地是执行机构。三大机构特别是“决策”与“执行”机构采取的是政府与社会合作的方式，双方各有分工。此外，机构的财务也相对独立，拥有自己独立账号和使用权。除了其主要领导（主任）为指派人员外，其余工作人员全部为自主招聘，因此尽管逢源的所有者还是政府，但其运营已相对自主。但是尚善的法人代表和理事长则为市司法局社区矫正处的领导，理事会职能由司法局社区矫正处行使，监事会职能由监察审计处行使，财务由计财处管理。机构在人员聘用上基本没有自主权，即使是从社会招聘的人员，最后也必须报批司法局统一核准。如果按照“社会—政府”的维度进行排列，可以认为家长会和星空主要依从社会自治体制，尚善则明显受制于行政体制，而逢源人家则相对处于中间，拥有了一定的自主权。

以上分析可以通过图8.5来具体呈现。在每一维度中，由于受到政府和社会的影响不同，四个社会组织的位置是不同的。总体来看，家长会和尚善分别处于“社会”和“政府”的一端，代表了当前草根和官方两类典型的社会组织。但星空和逢源人家则相对处于“社会”和“政府”之间，对星空这类自下而上的组织

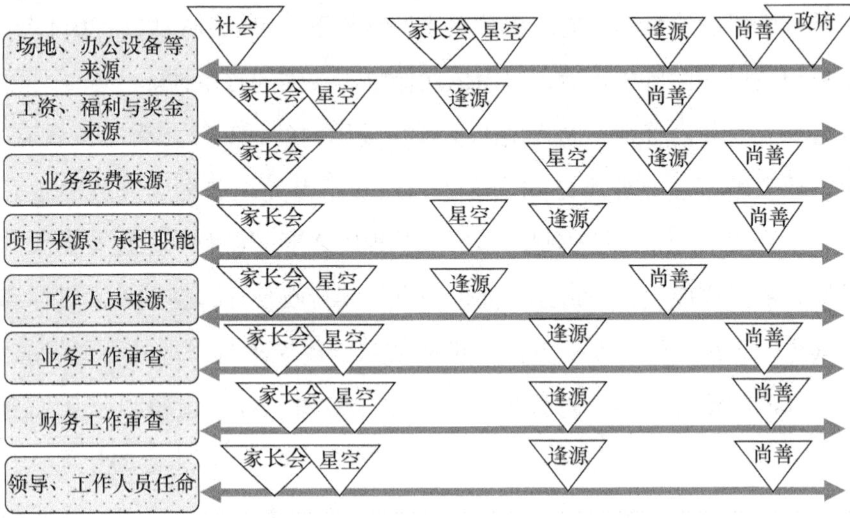

图 8.5 “双轨制”下的四个社会组织

注：两组织交叉，表示其所处位置基本一样。

来说，它已经开始学会在资源方面利用政府的支持，具有综合两种资源的能力；而对逢源人家这类自上而下的组织而言，它也拥有两种资源，并已经开始逐渐具有了社会自主性的特点，因此星空和逢源人家已开始克服传统自下而上与自上而下组织的问题，逐渐走向一种可以综合利用两种资源并协调两种约束的过渡性阶段。

四、跨越双轨制：开放资源与合作治理

在四个社会组织中，星空和逢源人家的发展速度是较快的。在短短几年内，项目资金和业务范围的增长速度非常快，工作队伍也是日益壮大。相比家长会和尚善，它们比前者的实力更雄厚，比后者的机制更灵活，其业务覆盖范围、社会动员能力和影响力都要大于其他两者。从“双轨制”的框架来看，二者似乎平衡了“双轨制”的影响，进入了社会组织发展的“过渡带”。它们是如何做到这一点的呢？

（一）“传统”社会组织的问题

我们首先需要厘清相对“滞后”组织的特点。在本案例中，家长会和尚善是传统自下而上和自上而下组织的典型代表。家长会的问题首先表现为缺少政府的支持，其资源是不充足的。造成其困境的原因主要有两点：一是缺少政府的合法性支持，因而无法获得正规渠道的捐助和资助。目前，中国的社会性捐助渠道是不畅通的，大量社会捐助实际由政府统一管理，因此如果组织无法正式注册，又不属于政府关注重点的话，则往往很难得到来自官方渠道的资助和扶持；二是缺少社会资本，没有充分地调动各类社会资源，特别是政府资源，这与其领导人是体制外普通员工有很大关系。但同是草根组织的星空则较好地克服了这些问题，它既恰到好处地运用了与政府的紧密关系，获得了来自体制内的资源，同时又保持了自己的社会资源。

尚善的问题则集中在“自主性”上。尽管作为体制内的机构，它并不缺少资金，但随着组织的发展，它却逐渐感觉到了组织不够灵活、不够灵敏的问题，并越来越具有了独立性的诉求。但由于独立往往意味着失去政府的扶持，因此一种“既想脱离又害怕脱离”的心情始终在困扰着他们。但逢源人家却相对较好地处理了这个问题，它为了更名正言顺地参与购买服务，从街道社区服务中心“变身”为民办非企业单位，获得了民间身份和一定的自主性。但作为街道所有的社会组织，它又保留了与体制内的天然联系，因此既可以获得来自政府的支持，又能获得一定的自主性。当然，尚善另一问题还在于其资源渠道过于单一，体制内的身份和业务类型的限制使其无法较好地利用社会资源，更使其不敢轻言独立，逢源却摆脱了这一困境，完美地兼容了体制内与体制外两种资源。

（二）现代社会组织发展的现实路径

通过图 8.3 可以发现，星空在“资源性”维度上开始向政府接近，它至少在三个资源性变量上具有了综合两种资源的特点，尽管其在约束性变量上仍然靠近社会；而逢源则在“资源性”和“约束性”维度上都在向社会靠近，它至少在三个资源性变量和三个约束性变量上都具有了综合性的特点。因此，定性地看，星空和逢源似乎已进入或正在进入过渡阶段，它们同时利用了体制内与体制外的两种资源，并在一定程度上平衡了体制内与体制外的约束。那么，它们是如何做到这一点呢?

一方面，对自下而上的组织，如星空来说，必须要有机会获得政府资源。这种机会，一是来自于组织自身的运作，如通过理事会或其他成员与政府获得联系。但这种方式通常是不稳定的，项目资金也并不充足，并不足以使社会组织彻底摆脱资源困境。星空早期的问题就说明了这一点，尽管其发起人有体制内工作的经验，且有较好的社会关系网，但在政府购买服务之前，它一直没有摆脱根本的发展困境。二是借助于政府向社会开放资源的机会，获取体制内合法、稳定的资源，如购买服务项目。这一方式在制度上是较为稳定的，资源也相对充足，特别是在当前普遍推行购买服务的大背景下，社会组织如能抓住机会，往往可以成功摆脱资源困境，星空后来的发展就说明了这一点。因此，政府向社会组织“开放资源”就成为草根组织得以长期发展的关键。

另一方面，对自上而下的组织，拿逢源来说，必须要能获得相应的自主权，同时学会利用社会资源。获得自主权的方式有两种：一是大量吸纳体制外资源，稀释原有体制内因素，使组织在资源配置上摆脱政府的束缚从而拥有自治化的可能，如吸纳部分体制外人士进入领导层、吸纳体制外资金等，这种方式是渐进而保守的；二是进行直接的“去行政化”，即取消原有的行政级别和行政化的管理模式，赋予组织真正独立的法人地位，这种方式是较为激进的，目前比较少见。案例中，逢源人家主要采取了第一种方式，它在开办初期就大量吸纳体制外资源，如聘请香港督导进入组织领导层，吸收社工、辖区单位人员和义工进入理事会等，使组织更加贴近社会，同时也便于利用社会资源；此外，它也借助广州市社会组织发展的良好机遇，部分废除了行政级别和行政化的管理方式，除保留一个体制内人员外，其余人员全部分流。通过与香港社会组织、辖区内单位和社区公众的合作，逢源不仅扩大了其资源范围，也扩展了其自主空间。而其达到这一目的的主要方式就是“合作治理”，这一点前面已有所论及。

在“双轨制”的影响下，社会组织如要获得良好发展，确实需要平衡来自于政府和社会的资源和约束，既要学会综合利用两种资源，但也要在社会自主性和行政约束之间保持平衡，最大程度地保持社会组织“依法自治”的独立性。星空的案例说明，自下而上的社会组织需要通过政府开放资源的机会获得政府的支持和承认，获得更大的发展空间；而逢源的发展则说明，自上而下的社会组织需要克服原有体制内的弊端，学会利用社会资源，通过合作治理的方式真正扎根于社会，逐渐去除行政化倾向，实现政社分开、依法自治。

五、总结：“改革政府”之共享公共权威

通过对四个社会组织发展的具体分析，研究发现了政府“开放资源”对于草根组织、“合作治理”对官方或半官方组织的重要性，它们有助于各类社会组织摆脱资源困境，获得相应自主权，最终走向良性发展的道路。研究发现，实践中自上而下的社会组织可能并不寻求从官方向民间的完全转化，而自下而上的社会组织也不会致力于向政府的过度靠近。实践中社会组织的发育往往需同时借力政府和社会，并在二者的关系中寻求平衡，但平衡的道路对不同组织来说是不一样的。通过开放资源与合作治理，不同类型的社会组织可以有效地摆脱原有的发展困境，真正起到联通政府与社会的作用，达到国家与社会相互增权、良性互动的目的。

前文说过，“改革政府”的第一层含义是职能的厘清，第二层含义是职能的外移，即将部分公共权威向外转移。在这一节中，我们通过一个具体的案例展示了公共权威外移的具体过程，它对于社会力量的健康发展和政府治理能力的提升都具有举足轻重的作用。职能外移的结果之一是政府规模和职责范围的缩减，结果之二则是会形成一种“水乳交融”式的政社合作，这种合作并不是前文所讲的“购买服务”类的浅层合作，而是“共享权威”的深层合作，政府和社会两种不同的治理机制将会相互融入。

传统社会组织的资源主要来源于社会，如捐款和服务性收费。但萨拉蒙对全

球非营利组织的研究发现，政府资金却是社会组织的重要资金来源之一。在中国，长久以来我们一直有“草根组织”和“官办组织”的说法，草根组织从来没有系统性地进入到政府的治理过程之中，它们是边缘的、游离的。但是随着国家治理体系和治理能力现代化的深入推进，大量社会组织，包括草根组织开始与政府共享财政资金与治理权限，越来越多地进入到公共服务的领域。需要指出的是，购买服务在一开始只是财政资金的共享，随着它的深入推进，特别是“PPP模式”的广泛展开，治理层面的合作开始越来越凸显，而这是更具颠覆性的改革。在合作治理的过程中，政府与社会两种不同的治理机制相互影响，蕴含了差异、冲突、妥协与协商，相互形塑，最终将推动政府治理机制的深刻改变。

第九章 国家责任转变的内涵及其逻辑

在前面的几章中，通过对国家责任“回归”“有限回归”“多层回归”的分析，我们对国家责任的转变趋势及其特征有了基本的判断，而通过“改革政府”一章的分析，我们对国家责任转变的理解变得更加丰富。在本章中，研究将尝试归纳一下国家责任转变的多重含义，同时纳入“制度—结构”的分析框架，探讨国家责任转变的动力机制。

第一节 国家责任转变的多重含义

一、国家回归

当前，社会福利改革中国家责任转变的基本趋势是“回归”。“回归”的含义指的是回到原来的地方，回来、归来之意。但何为“原来的地方”？在本研究中，原来的地方不是指过去的状态，而是其“应该的状态”。因此回归指的是回到其本应当承担的责任领域、应当承担的责任水平。对国家回归的具体理解可以从以下三个方面入手。

（一）从“撤退”到回归

国家回归带有反思和批判的含义，是相对于以往“撤退”状态的反方向运动，是对国家收缩态势的调整。社会福利领域中的国家回归不是回到“撤退”之前即改革开放之前的状态，更不是回到无所不包的计划经济时代，而是具有增长取向的国家干预的增强。改革开放以来，中国社会福利体系变迁的大方向是不变的，即从“国家—单位”型的社会福利模式向“社会保障”型的福利模式转变，但其现实走向则有阶段性变化。改革开放之后一直到20世纪90年代末期，社会福利改革的趋势是国家收缩和撤退，福利责任开始向社会和个人转移，由于社会力量发育的不足，导致个人和家庭承担的福利责任越来越重。这种改革取向受到了来自学界和社会的广泛批评，并最终在进入新世纪之后得以扭转。从进入21世纪特别是2002年后，国家对社会福利领域的干预开始增强，出台了更多的福利政策，加大了资金投入，并有意识地开始引导、支持和培育社会力量参与到社会服务当中来，国家的角色相较于上一时期变得更加积极。

因此，国家回归是对比性和相对性意义上的回归。从世界范围上来看，中国在改革开放之后对福利领域的改革受到了世界社会福利改革的影响，主张个人应为自身福利负责，强调国家应减轻包袱，这种改革从方向上来说是没有错的，但在实践操作中过快、过度，没有考虑到老百姓的承受能力、社会和市场的承接能力，也忽略了政府应尽的福利责任。而进入21世纪之后的国家回归，实际上也暗合了世界福利改革的趋势。20世纪末的福利国家改革实际上并未解决其试图解决的福利弊端，也没有使其摆脱经济上的困境，而福利本身的刚性也使改革在操作中面临巨大的阻力。以英国和美国为代表的福利国家最近几年的改革趋势也出现了政府加强干预的特征。

（二）有限回归

国家责任的回归是“有限”的。如前所述，有限性可以从三个层面来理解：第一，回归相对于我国当前的经济发展水平而言是有限的，依然滞后于经济发展的速度和水平，因此应当适度增强；第二，回归相对于老百姓不断增长的福利需求而言是有限的，不能满足人民群众日益增长的服务需求，应当适度增强；第三，回归相对于我国正处于社会主义发展的初级阶段而言，应当是有限的，这一有限指的是在不断提高政府福利供给的水平和范围的基础上，要注意与社会发展的水平相适应。

从这一意义上理解，回归更不是回到过去，而是回到其“应该”的状态，“应该”一是指作为国家应尽的责任和义务；二是指不滞后也不冒进。

（三）多层回归

国家责任的回归是内容有别、程度有异、优势互补的多层回归，这一点决定了国家责任的转变不是完全单向的，其形式也是多元化的。回归可以表现在资金投入上，也可以表现在制度设计上，还可以表现在管理规范上，甚至也可以表现在服务提供上。但就目前的改革趋势而言，国家回归更多地体现在资金投入、制度设计和管理规范三个方面，而在服务提供上则试图调动社会和市场的参与。

多层回归的核心是国家与市场、社会和个人的多元合作与责任平衡，强调优势互补，从而实现福利供给总量和质量的提高。因此，没有其他福利主体角色的转变，国家责任的转变就无法实现，而没有国家责任的转变，其他福利主体的作用也无法得到有效的发挥。因此国家责任的回归也需要社会、市场、个人和家庭的参与和支持。

二、改革政府

国家责任转变的基调是“回归”，但回归并不足以概括当下福利改革的一些重要趋势。20 世纪以来，政府的作用和能力成为世界各国公共管理改革和福利改革的焦点。最近几年，我国对政府治理能力的关注也在日益增多。2013 年，党的十八届三中全会第一次提出了国家治理体系和治理能力现代化的改革目标，指出政府治理应当实现与社会自我调节和居民自治的良性互动。因此，如何再造政府，转变政府的职能、提升政府治理能力成为当下中国改革的重要议题之一。在这种背景下，社会福利改革和重构的过程将不再单纯地强调国家责任的宏观转变，而是更加关注政府与社会、市场的合作，关注如何通过政府职能的转变实现这种合作，塑造一个更加符合现代社会治理要求的政府。

在这一意义上谈国家责任或政府责任的转变，将必须涉及以下几层含义：

（一）职能外移，打造有限政府

计划经济时期的中国政府是个全能主义的政府，对社会的管理实行政府管控下的“单位—街区”的管理模式，社会和市场机制发育不全，个人的福利主要通过单位由国家予以保障，因此政府是个无所不包、无所不管的全能型政府，由于管理范围很大，往往也被认为是“大政府”。改革开放以来，市场领域的发展将一部分社会活力焕发出来，社会上逐渐出现了一部分不受政府管控的领域、人群和事务，但政府的管理却依然带有计划经济时期的惯性，甚至出现了该管的不管，不该管的却管得过多的“缺位”和“越位”的现象。政府管得过宽，但管理却并不有效，管理手段、管理理念、管理效率都相对滞后。最近十几年，随着市场改革的深入推进和社会领域的不断凸显，政府越来越意识到应当适当放权，向社会和市场转移一部分职能，将政府职能回归到服务当中来，打造有限政府。因此，政府角色的转变的起点首先应当是将自身的职能进行适当界定、细分，从以前的无所不管向有所为有所不为转变，将社会应该承担也能够承担的职能转移出去。

在前面“多层回归”一章，我们已经分析了政府在公共服务的供给上，可以将服务的提供职能进行外移，实现与其他社会力量的优势互补。而在“改革政府”一章中，我们则分析了社会政策中的供给体系、支付体系和监管体系的适当分离，特别是应该改变以往“供给 + 监管”的既是“运动员”又是“裁判员”的做法，实现管办分开。因此政府职能进行转变，首先是需要对自身职能进行界定和细分，同时将“供给”职能外移。在改革政府的过程中，首先应是政社分开，而分开的最终目的还是形成良性的政社合作，政府将与社会一起共享公共权威，并改革自身的治理机制。

（二）共享权威，推进合作治理

现代社会治理的核心要义在于多元合作、协商民主，强调互动过程，注重政府与其他社会力量合作治理。在社会福利领域，政府也应注意调动社会力量参与到福利服务当中来。在前面“购买服务”和“开放资源与合作治理”两部分中，我们都分析了政府如何在社会福利领域与社会组织合作的案例。实际上，政府与企业组织的合作也是当下社会政策领域中的热点，当下，中国各地购买服务的实践和波及范围更为广泛的“PPP 模式”，市场力量的参与都是全范围和深度的。操作中，许多地区的“购买”都是可以向市场进行购买的。而波及范围更为广阔的“PPP 模式”，更是如此。因此，改革政府将不仅仅是外移职能或转变职能，它是一种治理机制的转变，是社会组织、市场组织、政府组织这三类不同的治理主体，在现代化治理的过程中，相互碰撞、相互形塑的过程。

实际上，随着购买服务和“PPP”的深入推进，不仅社会组织，政府也越来越清晰地感觉到不同治理模式在合作中所带来的压力。市场组织是强调效率的，它运用竞争的逻辑或看不见的手来实现其效率目标；社会组织是追求可持续发展的，它运用关系的逻辑，通过信任和协商的手段来达到社会可持续发展的目的；而政府是追求稳定和一致的，它运用权力的逻辑，如权威和法治来实现社会的稳定和协调一致。从这一意义上来说，不同治理主体的治理逻辑是不一样的，不同组织机构的运作模式也具有较大的差别，政府层级制明显，讲求法治、稳定，做事有自己的一套程序和办法，但企业组织和社会组织则更为灵活，这种行为方式的差异随着合作的不断加深，必定相互冲突、相互影响，政府将会更为直观地理解并体会社会主体的治理逻辑，并最终完善自身的治理模式。

三、国家责任转变的“度”

国家责任的转变是有“度”的，指的是既不滞后也不超前，既要履行政府应尽的责任，也要注重与社会力量的合作。但是“度”的把握并不容易，它好像是处于“国家福利”与“个人福利”两端中的一个摇摆的点，在实践中受到各种复杂因素的影响。但不管如何难以拿捏，在定位国家责任的度时有几对关系必须要处理好。

（一）责任与权力

权力往往是与责任相伴产生的，履行既定的责任需要一定的权力支持，而拥有相应权力也必须要通过责任的履行来证明其合法性。国家责任与国家权力（这里更多地指的是国家的专制权力，而非基础权力）也是一对共生关系，尽管在很多情况下，权力很大的国家并不一定履行了相应的责任，但履行较多责任的政府往往会需要一定的权力支持，比如，收税的权力等，特别是在福利责任方面。

对中国来说，大政府的管理思维和惯性一直存在，尽管当前强调要向服务型政府转变，主张多元治理，但政府责任的回归毕竟是一个趋势，如处理不好，极有可能走回头路，政府不仅责任回归了，权力也回归了，又出现以前全能型政府的问题。因此，在强调国家责任回归的同时，应注意避免国家权力的过分膨胀。

（二）权利与义务

对个人来说，福利权利的实现通常也需要福利义务的履行，完全享受个人权利而忽视个人应尽义务的情况也是不适应社会福利的可持续发展的，当然这要以个人能力为基本前提，注意公平性。在前面对新老农保的分析中，我们也指出了两次农保改革都没有将个人责任忽略，而是强调个人也要为自身福利负责。改革开放以来，我们对社会福利的改革都是朝向“社会保障”的方向发展的，尽管在这一过程中过于强调个体责任而忽视了国家应尽的责任，但改革的大方向并没有问题，只不过是改得过快、过度了。从这一角度来说，农保和居民保险的“自愿参与”也应该只是阶段性的政策，未来应该强制参与，只有这样才能避免保险的逆淘汰。

（三）公平与效率

公平和效率是一对可能相互影响，但并不绝对矛盾的关系。从世界范围来看，社会福利改革一直在社会公平和效率之间左右平衡，在福利国家建成及发展的黄金阶段，社会公平受到更多的关注，而在20世纪70年代以来的福利改革阶段中，效率则占据上风。

在中国，计划经济时期对效率相对忽视，而对社会公平特别是平等更为看重，在某种程度上影响了经济的发展和福利质量的提高。改革开放以来，效率受到了更多的关注，1993年第一次提出“效率优先兼顾公平”的改革原则，暗示了社会福利改革的产业化和市场化的方向，正是从这一年开始，社会福利领域内的改革开始朝向市场化的方向发展，教育产业化、住房商品化、卫生事业开始吃饭靠自己，建设靠国家，即使是传统针对弱势群体的社会福利事业，也开始向社会收费提供服务。但是随着社会形势的转变，社会福利的市场化方向逐渐得以扭转，党的十六届六中全会提出了“在经济发展的基础上，更加注重社会公平”，党的十七大提出的“初次分配和再分配都要处理好效率和公平的关系”，党的十八大则提出，“提高居民收入在国民收入分配中的比重，初次分配和再分配都要兼顾效率和公平，再分配更加注重公平。”社会公平，特别是人民对改革发展成果的共享成为政府关注的重点。在这种理念下，福利改革更加注重公平性和普及性，注重惠及更多的目标人群。但是，公平理念的强调并没有忽略对效率的重视，党和政府的文件中也并没有将效率和公平视为一对矛盾，因此当前的福利改革要更加注重公平，扭转前期市场化的趋势，但同时也要注重效率，不仅注重社会福利服务的供给效率，也要注重与经济发展的协调，避免过度福利。

第二节　国家责任转变动力：“制度—结构”分析之可能

在研究框架中，曾构想了一个分析国家责任转变的框架，即“制度—结构”分析框架，在这一框架中，来自政府的内部因素和外部因素都会共同影响政府福利行为的转变。通过前述几章的分析，研究将试图把这些因素进一步细化。

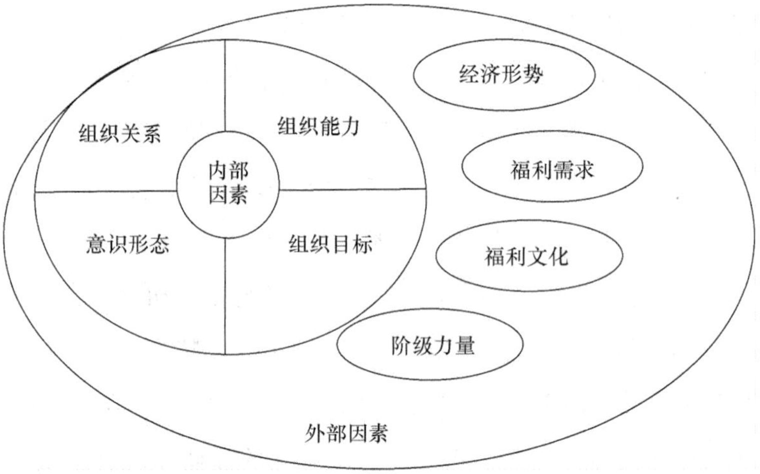

图 9.1　国家责任转变的“制度—结构”分析框架

一、“制度—结构”的基本含义

“制度—结构”的说法受到张静老师“结构—制度”分析一词的启示，其大体含义是指从宏观的结构和制度方面来观察和解释社会现象的一种分析方法。本文使用“制度—结构”一词目的是强调国家福利责任受社会结构或制度约束的客观性，有其规律性的一面，尽管其表现方式是一种“国家行为”而非个人行为。“制度”和“结构”都是社会学意义上的外在于社会行为的社会结构，如一定要区分，我认为“制度”的层面比“结构”更低，它通常指的是行为发生的具体环境即制度约束，而“结构”则更多指涉的是宏观的社会结构层面。

具体到本文所用的框架，“制度”往往指涉的是影响国家福利责任转变的直接动因，即政府内部因素，是各类福利政策从制定到执行的过程中所受的各种制度约束；而“结构”指的则是影响国家福利责任转变的间接因素，即政府外部因素，是福利政策转变的结构性变量，如经济形势的变化和阶级力量的对比。

总体而言，影响国家福利责任转变的因素大体包括政府执政理念的发展、福利意识形态转变、财政能力的增长、央地福利责任的划分等内部因素以及社会结构性压力和福利文化影响等外部因素。前文中，我们曾就各类影响因素进行过论述，接下来，研究将对这六大因素进行更为一般意义上的阐述。

二、组织目标：执政理念的发展

执政理念的发展是政府福利行为转变的根本原因。研究世界上任何一个国家的政府行为转变，都不能忽略其执政党的理念，西方社会福利发展史已经说明每一次重大的社会福利改革都与当时的执政党尤其是其当政人物的执政理念密不可分，在中国，政府的执政理念更是影响了社会福利改革的每一次重大转折。

执政理念的核心内容表现在政府的执政目标，即在政治目标、社会目标和经济目标之间的平衡。新中国成立初期一直到改革开放以前，中国政府对政治性目标的关注可谓空前，即使是经济发展也是完全服从于政治目的的，因此其制度设计，包括福利制度的设计都是以维护内部政治安全和外部国际地位为首要目标。基于单位制、身份制和城乡二元体制的社会福利制度从根本上也是以维护当时阶级阶层结构为目的的。但是改革开放以来，经济开始成为政府关注的另一重大目标，经济领域也日益摆脱政治桎梏而逐渐获得自己的独立地位，以邓小平同志为代表的领导集体摈弃意识形态之争，以发展为硬道理为原则，将经济目标立为当时社会发展的首要目标，一直到今天，经济目标都是各级各界政府关注的焦点。但是自从20世纪末开始，过度关注经济发展而忽视社会发展的做法产生了越来越严重的社会问题，因此从进入21世纪开始，特别是以胡锦涛为代表的领导集体执政开始，和谐社会、科学发展的理念逐渐深入人心，如何使人民群众共享改革发展的成果成为政府关注的另一重要目标，社会性目标开始凸显，政治建设、经济建设、社会建设和文化建设“四位一体”构成了有中国特色社会主义事业的总体布局。也恰恰是从这一时期开始，国家责任的转变特别是国家回归成为福利改革的重要趋向。党的十八大以来，随着新一届领导集体的上台，中国梦开始为社会所热议，“国家富强、民族振兴、人民幸福”蕴含了人民共享发展成果的理念，习近平总书记更是直接指出人民“期盼有更好的教育、更稳定的工作、更满意的收入、更可靠的社会保障、更高水平的医疗卫生服务、更舒适的居住条件、更优美的环境，期盼着孩子们能成长得更好、工作得更好、生活得更好。”这些“更”字所指涉的领域都属于社会福利，因此，未来中国社会福利改革依然会朝向更加公平的方向发展，而政府的福利行为也将会变得更加积极和负责。

三、意识形态：福利意识形态的转变

福利意识形态可以从“集体主义”和“个人主义”的维度进行划分，无论是保守主义、自由主义还是第三条道路都是处于集体主义和个人主义两端中的一点，有的更倾向于集体主义，强调国家责任，主张普惠性福利，有的则更倾向于个人主义，强调个人或社会责任，主张补缺型福利。政府福利意识形态的转变不仅包括政府对自身福利责任的认识，也包括对个体责任和其他社会主体福利角色的认识，影响了政府的福利行为转变。

中国历史上，政府一直都没有扮演过比较积极的福利角色，仅仅出于社会稳定的目的在救济和救灾工作中履行政府的责任，因此传统的中国社会福利是典型的补缺型的，个人和家庭等非正式群体在社会福利中扮演了相对积极的角色。新中国成立之后，为体现社会主义的优越性且保障城市工业化的发展，我们建立了成体系的社会福利制度，对公民主要是城市居民提供了相对全面且平等的福利制度，水平不高，但覆盖面较广，应该说福利理念是集体主义的，福利制度的设计是国家垄断式的。但是改革开放之后，福利改革受到市场化的影响，个人应为自身福利负责的理念开始发展，福利意识朝向个人主义的方向发展，而福利制度也朝向社会化的方向发展，且发展的速度过快，程度过深。但是最近十几年，政府的福利意识形态有所转变，对政府的责任有了更恰当的认识，对社会力量的认识也更加开放和包容，因此有了国家回归的改革趋势。

四、组织能力：财政能力的增长

政府的财政实力是实现其福利行为转变的重要基础。社会福利毕竟是需要花钱的事业，尽管它也产生经济效益，如促进就业等，但是其周期长、见效慢，且难以衡量，多次的福利改革都会以社会福利损害经济发展为理由。因此，如果短期内一国的社会福利体系如有大的进展和改观的话，往往要以国家经济发展和政府财政能力为保障。

改革开放以来，中国经济发展的速度举世瞩目，目前已经成为世界第二大经济实体，按人均 GDP 的水平来算，也已经跨入中等发达国家的收入水平，政府的财政收入不断增加，有能力、有实力也有责任将更多的财政收入投入到社会发展当中来，使公共财政更多地向民生事业倾斜，使人民共享改革发展的成果。

五、组织关系：中央和地方福利责任的划分

政府的组织结构及其福利责任划分影响了社会福利政策设计，如中央和地方之间的责任和权力划分，部门之间对某一福利政策的共同责任及其责任划分等。中央和地方关系是福利改革中的一个重要议题，在福利多元主义看来，中央向地方的分权是福利改革的一项重要内容。地方分权化（Decentralization）或者去中

心化的含义是中央政府的权力向地方政府的转移，也意味着地方政府的权力向社区的转移。分权化的福利系统具有更大的多元化可能，是不同主体能够成功参与的必要条件，在实践中地方分权化包括服务传递、政策制定和资源分配的分权化。

在中国，中央和地方对福利责任的承担是不同的，大多数福利主要是由地方政府负责的，包括制度设计、资金投入和管理规范，如最低生活保障、职工医疗保险和养老保险等。社会保障的统筹目前只进展到省级统筹的层次，有些甚至还停留在县级层面上，跨省转移困难，全国统筹困难，其主要问题就在于它是一项地方性的、区域性较强的福利事业，中央政府的责任体现不足。许多地区由于外来打工人员过多，积累了较大的社会保险基金，但由于有地方政府的补贴存在，其社会统筹部分无法转移，极大地影响了社会保障事业的公平发展。

在国家福利角色的转变过程中，央地福利责任的划分极大地影响了社会福利事业的改革发展，如中央政府加大顶层设计、加大全国投入，对地区性转移的财政补偿制度进行精算考虑，并采取相应的措施，可能会大大推动社会福利改革的步伐。因此国家福利角色的转变首先涉及政府内部角色的划分，除了职能的进一步明确外，还需要处理好中央政府和地方政府之间的关系。

六、社会的结构性压力

政府福利意识形态和执政理念从根本上是受到社会外部压力的影响而发生转变的。政府对社会形势变化的判断以及所受到的社会压力影响了其执政目标和执政行为。就福利改革而言，社会的结构性压力体现在以下几个方面：

（一）社会福利供给失衡而导致的福利需求不断上涨与多元化的压力

社会福利的供给失衡是由于政府在改革开放初期福利责任的过度收缩而导致的。它首先是绝对意义上的收缩，即将以往承担的福利责任外移，如企业职工的养老、医疗保障和住房保障等；其次是相对意义上的收缩，即面临新增的社会福利，政府福利责任没有及时响应，如大量失地农民、流动人口的保障等。实际上政府责任的收缩并不必然导致福利供给的失衡，如果有其他福利主体可以承担政府让渡而出的福利责任的话，福利的失衡不一定会产生。但问题在于其他福利主体的发育是不健全的，没有能力承担起这一责任，而政府的撤出又过快、过度，即便是其他主体发育成熟，有些责任也无法完全由其提供，如资金投入的责任等。这种失衡的外部压力表现在实践中，就是“看病贵、看病难”“养老难”等实际问题。

（二）福利事业发展滞后于经济发展所产生的结构性压力

经济政策与社会政策之间并不是矛盾的，大多数情况下它们是相互支撑的。社会保障制度的完善与福利服务的健全可以改善人力资本、增强社会信心，甚至促进消费。随着市场经济的不断深入发展，一些深层次的矛盾逐渐暴露出来，如贫富分化、失业、劳资冲突等，需要有相应的福利制度消解这些社会矛盾，平滑阶层关系、平衡群体利益。但是相当长时间以来，我们是经济“一条腿长”，社会“一条腿短”，将社会发展片面地理解为经济发展，忽视了对社会的保护，也忽视了发展的本质含义，并由此而影响了经济的发展。世界社会福利发展史已经证明，社会福利体系的发展是与经济的发展齐头并进的，经济的发展往往要求建立相应的福利制度，因此福利事业的滞后发展所带来的结构性压力也是当下中国福利改革的重要动因。

（三）社会结构与经济结构不协调所产生的结构性压力

当中国已经迈入世界第二大经济实体，人均 GDP 接近 7 000 美元的时候，社会发展不均衡的问题却日益严重。调查显示，2013 年中国居民收入基尼系数为 0. 473，这一数据在 2008 年曾一度达到 0. 491，与改革开放初期 1980 年的 0. 23 相比，贫富分化的程度十分严重。事实上，从可见的官方数据来看，从 1980 年开始，中国的基尼系数一直稳步上升，只是从 2008 年达到顶峰开始，逐渐回落。而城乡居民收入差距指数 1990 年为 2. 02，到 2009 年则达到了 3. 33。地区之间，特别是中、东、西部之间的收入差距更是十分明显，有学者甚至将之称为一个国家内的“三个世界”。

以收入为主要划分标准的社会结构分层指示当前中国的社会结构与经济发展的整体程度不相适应。许多研究发现中国的社会结构是典型“丁字形”或者说“倒金字塔”型的社会结构，这种不合理的社会结构造成了结构紧张，而结构紧张是当下许多社会矛盾和问题的根源。为调整这一不合理的社会结构，社会政策需更加关注对城乡差异、群体差异、地区差异的关注，注重收入分配的公平性、社会福利的可及性以及基本公共服务的均等化。

七、福利文化的影响

公众对政府的福利诉求和对自身社会权利的认识也是影响福利改革的重要动因。权利意识的增强、生活水平的提高和福利供给的失衡使得老百姓对现有福利制度的关注度越来越高，因而对政府在民生领域中的改革也更为关心。尽管传统中国文化中较少有依赖政府的习惯，而强调家庭和非正式组织的作用，但随着社会的发展，特别是随着家庭功能的萎缩和非正式组织如宗族、同乡等力量的势微，老百姓对政府的要求也越来越高。在基层调查中，我们已经发现民众对政府在养老、医疗等方面的期望度非常高，其他相关研究如零点公司的调查也发现老百姓甚至认为政府应该在养老中负首要责任，因此现有的福利改革与老百姓的福利需求之间是有差距的。这种外部诉求通过各种方式如社会舆论、群体性事件等不断传递给政府，影响了政府的福利行为。

第十章　探索中国特色的社会福利模式

第一节　社会福利模式重建中的中国因素

对当下中国社会福利改革经验的回应、归纳和总结，目的是从中发现中国社会福利改革的特殊经验及道路，使理论的讨论和实践的研讨最终落在“本土化”的维度上。国家回归的趋势以及政府改革自身的尝试都是社会福利体系在重建过程中的中国探索，是在中国独特的国家体制、社会转型和文化背景下的改革动向。讨论社会政策不能单单就社会政策本身来谈，还需注意其所嵌入的社会框架，在中国，这一社会框架包含了甚至比西方社会都更为丰富的内容，既有历史的承继，也有转型的因素，还需考虑未来的发展。在这一角度下谈论中国式的社会福利模式重建，需注意以下几个因素：

一、政府主导，自上而下

尽管有来自于社会的压力和期望，但中国的福利改革遵循的一直是“政府主导、自上而下”式的改革路径，这是由中国独特的国家体制所决定的，也是一直以来的行政惯性使然。改革的基本步骤大多是政府出台文件，地方先行试点，然后逐步全国推开。尽管许多地方在中央政府出台文件之前也多有地方实践，但这些实践大多也是由政府推动展开的，其原因主要在于政府是社会福利的最大责任主体，且控制着社会福利的主要资源，福利提供模式的惯性也还在发挥影响。新中国成立以后所形成的垄断式的福利提供模式尽管遭遇了市场经济改革的冲击，但却没有被市场和社会的力量所取代，政府的撤出也并没有带来社会福利领域中市场和社会的蓬勃发展。此外，在中国，自上而下的管控式的管理模式依然是当前政府管理的主要方式，通过区、街（乡镇）、社区（村）的层层管辖，社会基本仍然在政府的管理当中，全能型政府的管理模式依然是主流的管理方式。因此从历史承继性、路径依赖的角度而言，政府的主导作用将在相当长的时期内存在。而从中国现有的发展情况来看，由于市场和社会力量的发育不全，政府也必须起主导作用。在当前官方文件和政策中，“政府主导、社会参与”也依然是许多政策的基本原则。

政府主导、自上而下的改革特点要求当前的社会福利改革必须要：一是重视政府作用。加大政府的投入，强化制度设计和监督规范，最重要的是必须要提高政府的行政能力。二是重视顶层设计。由中央统一做出重要部署，有利于破除地方政府所无法破除的一些体制和机制障碍，有利于使地方性的改革创新纳入合法性轨道，更有利于改革的统筹发展。

二、区域差异，城乡分割

转型期中国发展的最大问题在于“不均衡”，而最大的不均衡则在于区域差异和城乡分割。区域之间的差异表现在经济发展水平、人民收入水平、社会保障水平、公共服务水平甚至是社会转型阶段等各个方面，其原因在于地区发展条件和发展机遇的差异。区域差异使不同地区面临的社会矛盾、福利需求有所不同，而政府的财政能力、行政能力也有差异，因而使得社会福利的保障水平和范围也呈现出较大的差别。区域差异使得我们建立统一的、可自由转移接续的社会福利制度面临极大的挑战。如沿海发达地区由于先发优势率先走上了富裕的道路，由于经济发展速度较快、就业机会较多而吸引了大量的内地劳动力，成为当前劳动力移民的主要区域，但是社会福利却依然以“户口”为基准实行地方性的保障，这使许多外来劳动力无法享受同等的福利待遇。劳动力等生产要素已经在跨地域自由流动了，但以社会保障为主的各项社会福利事业却依然以“地域”为范围而主要向本地居民提供。但是这一问题的解决却相当困难，不仅涉及地区间的利益平衡，还涉及中央和地方之间的福利责任划分。在目前地方主要承担本地福利责任的情况下，试图构建一个跨地区的，相对均衡、可流转的福利制度是较为困难的。

城乡分割则是一个历史遗留问题。在计划经济体制下，为保证城市的优先发展，实行农村补贴城市的政策，工农业产品交易具有“剪刀差”、劳动力不能自由流动、城乡居民的福利权利和发展机会也不对等。这种政策推动了中国工业化的快速发展，使中国在较短的时间内就建立了相对完整的现代工业体系，而农民则被牢牢限制在土地上，由于相对剥夺，城乡发展严重失衡，农村贫困状态较为严重。改革开放之后，城乡之间的关系有了一次重新调整的机会，但是城乡之间的分割状态却并没有从根本上得以扭转。尽管城乡差距在短期内有所调整，但随着市场经济改革的进一步推进，从 20 世纪 90 年代中期开始，城乡差距又被逐渐拉大。有研究显示 1978—1984 年城乡居民的收入差距由 2. 37∶1 缩小到 1. 71∶1。但此后城乡居民收入差距又呈逐步扩大趋势。1993 年城乡居民收入差距已扩大到 2. 54∶1，超过了改革初期的差距。2002 年，中国城镇居民人均可支配收入为 7 703 元，农民人均纯收入仅为 2 475. 6 元，城乡收入差距进一步扩大为 3. 11∶1。收入的差距还是显性的，更大的差距则体现在教育、医疗、社会保障等各个方面，从而使城乡之间的实际差距远远大于 3 倍，如何扭转这一城乡分割的局面，建立更加公平的社会福利制度是当前改革的一大难题。

三、人口的因素

有两个方面的人口因素会对福利改革发生重要的影响：一是人口的结构变化；二是人口的流动状况。

表 10.1　历次人口普查人口年龄结构（%）

各年龄组人口比重	1953 年	1964 年	1982 年	1990 年	2000 年	2010 年
0 – 14 岁	36.28	40.69	33.59	27.69	22.89	16.60
15 – 64 岁	59.31	55.75	61.50	66.74	70.15	74.53
65 岁以上	4.41	3.56	4.91	5.57	6.96	8.8

资料来源：中华人民共和国国家统计局编：《中国统计年鉴 2013》。

上表数据显示，2000 年，我国 65 岁以上老年人口所占比重已接近 7%，按国际标准已接近老龄化社会。“未富先老”、快速老龄化和高龄化等问题使本就不太健全的养老保障体系面临巨大的挑战。为应对这一问题，养老保障制度自 20 世纪 90 年代开始从现收先付制向个人账户与社会统筹相结合的累积制进行转化，但是转制的巨大成本在制度设计之初并没有解决，导致当前各地养老保险个人账户空账严重。尽管已在逐步落实，但养老保障所累积的巨大缺口依然为未来埋下了一个定时炸弹。人口的老龄化还对养老服务事业发展提出了越来越高的要求，如何在家庭功能逐渐萎缩、政府福利服务能力不足的情况下，发挥社会力量，创造符合中国老人心理和生理特点的养老模式是最近一段时期中国社会福利事业发展的重要任务。

人口的老龄化只是人口年龄结构走向成熟的一个侧面，从另一侧面来看，中国的人口年龄结构已从年轻型发展为成熟型，并将逐渐向老年型过渡。少儿抚养比降低，老年抚养比上升，越来越多的人成为壮年，预示着中国人口红利正在进入顶峰期，人口红利的减少预示着未来社会保障事业将面临越来越少人缴费、越来越多人享受的局面，社会保障事业的改革必须未雨绸缪。

人口的大规模、快速流动是中国非常独特的一个现象，户籍制度的存在从某种程度上加速了这种暂时性的流动。流动人口的社会保障问题、就业、住房、医疗和子女教育问题已成为当下中国城市社会福利事业的一大难题。而流动人口的流出地，由于所剩人口多为儿童、老年和妇女，也出现了许多新的社会问题，如留守儿童教育问题、留守妇女婚姻问题等，这些都是农村社会福利事业所面临的新课题。同时流动人口的频繁、大规模流动，使流入地累积了大量社会保障资金，当他们流走时，该笔资金往往不会同期转移，因此也影响到了社会保障的地区公平性。

四、城镇化发展

中国城镇化的速度是相当惊人的。2011 年，中国城镇化率首次超过 50%，达到 51.27%，预计到 2020 年城镇化水平将达到 60% 左右。尽管这一比例是以常住人口为分母所做的计算，如以户口为基准，城镇化率要远低于此，但是快速的城镇化依然是一个不争的事实。从 1978 年到 2003 年，城镇常住人口从 1.7 亿增加到 7.3 亿人，城镇化率从 17.9 提升到 53.7%，年均提高 1.02 个百分点。按照中央新型城镇化的部署，到 2020 年我国常住人口城镇化率要达到 60% 左右，户籍人口城镇化率达到 45% 左右，实现 1 亿左右农业转移人口和其他常住人口在城镇落户。

快速城镇化对城镇的公共服务供给能力提出了巨大的挑战，如何应对日益增多的城市人口，使他们公平享有社会福利，共享发展成果是城镇化也是社会福利改革的重要议题。《国家新型城镇化规划（2014—2020）》（以下简称《规划》）指出，新型城镇化应当是“以人的城镇化为核心，合理引导人口流动……稳步推进城镇基本公共服务常住人口全覆盖……使全体居民共享现代化建设成果。”因此，社会保障事业、社会福利服务事业的发展未来将呈现一个井喷的状态。《规划》已经提出要实现基础养老金全国统筹，鼓励农民工积极参保、连续参保。依法将农民工纳入城镇职工基本医疗保险，允许灵活就业农民工参加当地城镇居民基本医疗保险。完善社会保险关系转移接续政策，在农村参加的养老保险和医疗保险规范接入城镇社保体系，建立全国统一的城乡居民基本养老保险制度，整合城乡居民基本医疗保险制度。强化企业缴费责任，扩大农民工参加城镇职工工伤保险、失业保险、生育保险比例等。可以预见，未来几年内，围绕新型城镇化而开展的各项社会保障改革以及社会福利服务事业将会有极大的发展。

五、“传统”的影响

“传统”在这里蕴含多层含义，主要指传统福利文化，即人们对福利模式、贫困、养老、疾病、教育、宗教乃至生命价值的观念，除此之外还包括传统社会救助模式、慈善模式以及家庭和社区在社会福利中的保障传统等，如果从广义来看，这些都可以称之为福利文化中的一部分。

一方面，传统文化观念对社会福利体系的构建具有深远、持久的影响。在现代化的过程中，传统文化通常会遭遇冲击，在中国也不例外。尽管传统文化所遵循的孝道、诚信、中庸、家庭责任等观念正在逐渐消失，但其深层次的影响依然还会在相当长的时间内存在，特别是传统文化中的“求助”观念，慈善观念，疾病观念以及对家庭和非正式群体的重视，对政府的信任等都会在某种程度上影响社会福利的改革和未来模式的选择。事实上中国人隐忍坚韧的性格以及依赖自己解决福利的习惯影响了当代中国人对福利保障水平、保障范围的认识，以致多数人尤其是农民往往是到了实在无法解决困难的时候才向外求助。因此在传统上，中国人对国家通常较少有福利方面的诉求，而往往认为诸如养育子女、赡养老人、医治疾病、寻找工作等应该依靠自己。因此中国传统的福利保障模式往往是较为吝啬的，国家只是“剩余”角色，只是在个人、家庭和社区等力量无法解决问题，而个人疾困已到了极点的时候才出现。这种传统观念使中国社会福利体系的构建非常警惕“养懒汉”和“过度保障”的问题，而计划经济时期的惨痛经验和教训，则更使中国的社会福利模式改革对“低水平”的原则尤为重视。

但是另一方面，中国人对“集体”的重视却也极强，尽管这种集体可能是具有差序格局性质的“家—国同构”的福利模式，离现代福利仍有较远的距离，但“集体”或“公共”福利却也往往让国人迷恋，而“不患寡而患不均”的思想则使这种公共福利更具有均等化的特性。

从福利提供者的角度来看，传统中国的家庭、宗族、社区和非正式群体曾在社会福利中扮演了非常重要的角色。中国的家庭不仅有生育、生产等功能，还具有赡养、抚养的功能。对大多数中国人来说，教育和抚养自己的子女、赡养老人是不可推卸的责任，而家庭则是承接这些责任的主要载体，而对西方人来说家庭的赡养功能则较弱。历史上，不仅家庭发挥着重要的福利作用，以血缘为基础的宗族、以地缘为基础的社区和同乡群体等，在实际的福利保障中也发挥着非常重要的功能。这些非正式群体在传统社会甚至非常强大，在国家之外为个人提供了各种保障。在现代中国，尽管社会发展早已改变了人们传统的整合方式，以家庭为基础的差序格局式的整合正在向以单位、行业、同辈群体等各类多元化的整合方式转变，家庭功能势微，宗族、同乡会等也早已失去往日的辉煌。但随着经济社会生活的不断变化，一些在计划经济时期已经消失了的组织慢慢复苏，如宗族、同乡会等，而随着单位体制的瓦解，“社区”的作用也被凸显了出来。如何发挥这些组织的作用，鼓励并支持其有序参与社会福利事业也是当前社会福利改革需重点考虑的问题。特别是“家庭”这一极具东方、儒家文化特点的组织，在今天的福利改革中往往处于被忽视的地位，而实际上在许多方面，家庭具有国家和社会所无法替代的功能，如养老等。福利改革不应当漠视家庭的作用，而需要加强针对家庭的政策，通过家庭来完善今天的多元福利供给。

第二节　探索中国特色的社会福利模式

一、基本原则

（一）全覆盖、保基本、多层次、可持续

在许多研究和政策文本中，“低水平、广覆盖、可持续”被认为是中国社会保障或社会福利改革的重要原则，它强调了社会福利的保障水平、保障范围以及发展机制，主张从低水平起步，以全覆盖为基本目标，注重与经济社会发展的协调性。党的十八大报告对统筹推进城乡社会保障体系建设提出了“全覆盖、保基本、多层次、可持续”的 12 字方针，从整体上指出了当前改革的基本方向。

“全覆盖”指的是覆盖全体居民，将以往未纳入社会保障的群体逐步纳入保障体系当中，逐渐修补完善社会安全网。以往城镇职工的各项保障制度以及机关事业单位的保障制度是社会保障的主体，而农民、流动人口、城市居民以及儿童保障则往往未被涉及。最近十几年，针对农民的新农保、新农合，针对城市居民的养老保障和医疗保障频繁出台，流动人口、儿童等的保障也逐渐被纳入到现代保障体系当中来，而 2014 年的城乡居民养老保障制度开始整合，一个更为全面的社会保障体系正在建立。

“保基本”指的是保障内容和水平，以满足人民基本福利需求为主要标准。“保基本”意味着从国家整体层面上来说，首先需要做的是建立基本的社会安全网，如最低生活保障制度、贫困救助制度、大病保险制度等，使全体社会公民享有最基本的社会保障。“基本”极易被简单理解为“低水平”，但实际上它所指的保障内容是满足人民群众的基本需求的，如医疗、养老、住房、教育、社会保

障等都有“基本”的内容，如公共卫生、保障房、义务教育等。

“多层次”指的是社会福利是有层次的。既有诸如救济性质的最低生活保障、贫困救助等内容，也有权利与义务相对应的社会保险的内容，同时还有福利性质的企业年金等内容。此外，多层次还指的是在相当长一段时期，社会福利还不能完全统一，针对不同的群体还有种类的差异，如城镇职工养老医疗保险与城镇居民养老医疗保险以及机关事业单位养老和医疗保险还有一定的差异，尽管差异会逐渐缩小，但最终依然不会完全统一，因为人的就业方式、生活方式是千差万别的，完全统一的、一个层次的福利制度不仅无法体现个人的责任，在实践中也面临着诸如地方差异、行业差异等实际障碍。

“可持续”指的是社会福利政策必须与经济、政治、社会和文化条件相适应，具有长效机制，在资金投入、保障水平、管理与服务能力上都具有可持续的潜力。

（二）政府主导，责任共担

在上一节中，研究已经分析了“政府”在中国社会福利改革中的重要作用及其核心角色。在中国，由政府主导社会福利改革既是国家应尽的责任和义务，也是现实发展的必然选择。但今天的政府主导并非政府垄断，社会福利改革的“社会性”需要体现，因此强调责任共担也是改革的重要原则之一。

“政府主导”指的是政府应当在社会福利改革中承担主要责任，重点包括制度设计、管理规范以及资金投入。“责任共担”则指的是政府、企业、社会组织、社区、家庭和个人等各类福利主体都应共同承担社会福利责任，只不过责任的种类和程度根据其自身的能力差别而有所不同。

（三）权利与义务相结合

“权利与义务相结合”指的是个人享受社会福利保障的权利与其缴纳社会保障费用、参与社会福利服务等义务相结合。权利与义务相结合强调“个人责任”，这是自改革开放以来社会福利改革的主要特征。权利与义务相结合主要指的是在社会保险中，个人应积极就业或劳动，通过个人缴费带动单位缴费和国家补贴，为体现“相结合”，还实行多缴多得的原则。

（四）国家统一与地方特色相结合

中国的社会福利具有极强的地区差异，从最低生活保障、五保供养到社会保险以及各项福利服务都呈现地方差异，其主要原因在于中央和地方福利责任的不同，多数社会福利项目的主要福利承担者都为地方政府，有关这一点在新老农保比较一章中已经有所提及。此外，中国地域辽阔，各地经济发展水平、人口结构、社会矛盾都各不相同，强求统一的社会福利也不现实。因此，社会福利在改革过程中必须要与地方特色相结合。同时，中央政府也有其必须要承担的福利责任，特别是在涉及跨地区流动、区域发展等方面，因此一些主要的社会福利项目在结构和制度设计上必须是相同的。

（五）嵌入社会发展之中

社会福利是嵌入在社会结构的整体框架之中的，这意味着社会福利不是一个孤立的自运转系统，恰恰相反，它受到了各种复杂因素的影响。因此，社会福利的发展应考虑与其他社会系统的协调一致性。在社会福利的发展历程中，经济、政治和文化对其都有重要的影响，经济首当其冲，往往成为社会福利改革的直接动因。除了这些主要的政策领域之外，法律制度、家庭制度、社区模式等都会对社会福利产生重要的影响。

二、模式选择

在以上的基本原则下，中国未来的社会福利模式应当是适度普惠的、积极的社会福利模式。“适度普惠”的提法参考了蒂特姆斯的社会福利三分法，从保障水平和范围两个角度对社会福利模式进行了限定。目前，许多学术研究对“适度普惠”的认可度比较高，尽管也有诸如“组合式普惠”等说法，但其基本理念是相似的。“积极”的提法则参考了第三条道路和发展型社会政策的基本思想，主张福利政策与经济政策的相协调，注重福利的规划和投资作用。

（一）适度普惠

2007年，民政部率先提出中国将推进社会福利向“适度普惠型”的转变，并指出中国未来福利事业的发展可以概况为“一个转变，三个结合”。一个转变就是推进社会福利由“残补型”向“适度普惠型”转变，“三个结合”则是居家、社区和福利机构相结合，通过三位一体的结合构成福利服务体系；政府主导和社会参与相结合，走社会化的路子，这是发展中国社会福利事业必然的选择；走法制化、专业化和标准化相结合的路子。如何理解适度普惠呢?

“适度”指社会政策的保障水平，即是基本的、符合社会发展状况的福利水平。“适度”的提出，显然受到西方福利国家危机的启示，也汲取了计划经济体制下的经验教训，主张建立适合我国国情的福利制度。“适度”第一层含义是与经济发展相协调、相统一，既不滞后也不超前；第二层含义是与现有条件和地方实际相结合。社会福利制度的设计必须要有相应的组织保障、人员保障和制度保障，因此必须结合现有的条件并与地方实际相结合。

“普惠”指社会政策的保障范围，是惠及全体公民的。“普惠”的第一层含义是覆盖全体社会成员，不分城乡、地域、职业，均可公平享受社会福利；第二层含义指涵盖居民生活的主要方面的，如失业保险、贫困救助、医疗保险、住房保障及老人、残障服务等；第三层含义指的是资源的分配不是市场化的，而是公平的、平等的。如教育、住房、医疗等不是被作为商品来购买，而是作为社会权利被予以保障。

（二）积极福利

积极社会福利的思想来源于第三条道路和发展型社会政策。第三条道路是英国学者吉登斯的学术思想，他认为“我们应当倡导一种积极的福利，公民个人和政府以外的其他机构也应当为这种福利做出贡献，而且它还有助于财富的创造。”

吉登斯所提出的积极的社会福利的构想包括：发展自我、多元合作、风险管理与终极幸福。

发展型社会政策由梅志里明确提出，但是有关发展型社会政策的理念则可以追溯到20世纪40年代至50年代非洲殖民地发展的时期。20世纪90年代中期开始，“OECD国家”即开始实行“积极的社会政策”。发展型社会政策将社会政策看作一种社会投资，从社会发展与经济发展相协调的角度来看待社会政策在发展中的作用。其主要实现是主张上游干预、人力资本投资和福利多元化，从这一点上来说发展型社会政策与第三条道路的精神是契合的。

传统中国社会福利模式是剩余式的，注重救急，而忽略长期规划和造血功能。新中国成立后，计划经济时期所形成的相对普惠的社会福利模式忽视了个人的责任，过于均等化，缺少激励和发展作用。改革开放以来，社会福利模式开始朝向市场化的方向发展，尽管强调了个人的责任，加入了激励机制，却忽视了公平。最近十几年，改革有扭转改革开放初期市场化方向的趋势，但须注意政策与经济政策的协调发展问题。强调社会福利模式是“积极”的，具有以下几层含义：

第一，社会福利改革应注重“源头治理”。改变当前只解决已发生了的问题的“救急”模式、“输血”模式，变为切断问题发生源头的“造血”模式。

第二，改革应重视“社会投资”，解决与经济政策之间的关系。福利通常被认为是花钱的事业，因此容易被理解为与经济政策是相互抵触的，但实际上社会政策通常具有促进经济发展的功能。重视社会投资的社会福利政策应更注重对等人力资本的投资如教育政策，重视青少年政策、家庭政策，注重对人潜能的发挥，注重对社会团结的塑造等。

第三，改革应重视“社会规划”，注重社会福利政策所具有的发展、教育功能，通过正面的、积极的政策引导、塑造公众的社会习惯，使公众在享受社会福利的同时不自觉地接受社会教化的影响。如对权利与义务对等的强调，对社会弱者的尊重，对违法行为如骗保的严格处罚等。注重“社会规划”的政策改革目标更为长远，更强调法制化和规范化。

第三节　新常态下社会政策改革的结构性调整

党的十八大以来，中国的经济社会发展逐渐迈入一个新的历史时期，一系列新的结构性问题渐次显现，如福利增长与经济下行之间的矛盾、产业结构调整与就业之间的矛盾等，这些对社会政策改革提出了严峻的挑战。面对这些新的挑战和机遇，社会政策改革亟须改变以往“事后应对”式的问题解决方式，转为“事前预防”式的积极干预，在“兜底”的基础上对人民的社会需求进行更为积极地回应和更加精准地定位，为适应新常态和全面建成小康社会保驾护航。

一、社会政策面临的新挑战

（一）经济新常态的结构性压力

第一，经济下行压力加大，对福利的刚性增长带来巨大压力。党的十六大以来，中国的社会政策进入一个飞速发展期，政府对社会政策体系的积极投入和有效干预成为这一时期的重要特征，财政投入对社会政策的带动作用非常明显。但随着经济增长速度和财政收入的增速放缓，社会政策势必受到重要影响，尽管中央强调“民生支出是刚性的”，但在福利需求刚性增长与经济增速持续放缓的双重压力下，福利事业的发展无疑面临着巨大的压力。

第二，产业结构不断调整，使企业缴费和失业压力激增。产能过剩企业的压缩不可避免地带来大规模的失业与转岗，这些将集中体现在煤炭、钢铁等行业。此外，随着服务业对经济增长的贡献日益明显，越来越多的人将在第三产业就业，一些新兴服务业如社区服务业、养老服务业将蓬勃发展，但这些领域的工资水平通常偏低，社会保障覆盖程度也较低。

第三，需求结构调整，亟待社会政策体系的有力支持。目前，消费已成为拉动经济增长的第一生产力，进一步释放消费需求，一方面需要不断提高居民收入尤其是中低收入人群的收入；另一方面则需要进一步完善社会保障体系，尤其是农村社会保障体系。整体来看，国人的需求结构正在从基本生活型向服务型和发展型转变，适应并引领人们的消费需求需要社会政策体系不只关注“兜底”责任，还需更加关注教育、养老、健康等更高层次和更多元化的福利需求。

第四，生产要素结构调整，要求对人力资本的持续投资。新常态下，经济的稳定增长将更多地依赖人力资本的质量和技术进步，依靠创新驱动。社会政策亟须配合国家关于创新驱动发展战略，更加注重对教育的投入，更加注重强化就业培训，更加注重完善就业的整体环境，从教育公平、就业公平、收入公平、社保公平等各个环节入手全面保障就业、促进就业。

总体来看，经济新常态对社会政策既有压力也有推力，如何在财政紧缩和福利刚性增长的双重现实下处理与经济发展之间的关系问题成为改革的焦点。

（二）社会发展新形势的政策期待

第一，全面建成小康社会期待社会政策定位更加精准、发展更可持续。全面建成小康社会是我国进入新的历史发展时期的重要战略性目标，而“十三五”时期则是全面建成小康社会的决胜阶段。在这一关键阶段，城乡差距、地区差距将逐渐缩小，人民收入将实现大幅度提升，现行标准下的农村贫困人口将实现全部脱贫，社会保障制度将实现全面覆盖，教育现代化将取得重要进展。总之，各项民生事业指标都将提升至一个新的台阶。为保证这一目标的顺利实现，社会政策将不仅发挥兜底线的“保基本”作用，更要发挥拉平差距的“促公平”作用，不仅要做好普惠，更要精准定位。

第二，国家治理现代化期待社会政策供给模式更多元、更灵活。党的十八届三中全会首次提出了“国家治理体系和治理能力现代化”的重要要求。国家治理的现代化转型要求政府转变以往的治理模式，代之以更加多元化、法治化、科学化和协商性的治理方式，对社会政策改革产生了变革性的影响，如福利的多元化、法治化等。随着财政收入增速的下降、政府职能的转变、社会力量的发展和人民需求的多元化，中国的公共服务供给正在迈入“政社合作”的新时代，其标志性事件就是自2012年中央层面开始推行的“政府购买服务”以及2014年开展的“政府与社会资本合作”（PPP）。政社合作提供公共服务的领域正在日益扩展至包括医疗卫生、养老服务、住房保障、教育培训、福利服务、社会救助、社会保险等各个社会政策领域，这些变化无疑将对传统的社会政策实施方式产生重大影响。

第三，新社会风险的来临要求。新社会风险是指随着后工业化社会的来临，由于社会结构变迁如人口老龄化、妇女大规模就业和劳动力市场的结构性变化等而出现的新的社会风险。这些风险主要与四个因素密切相关：人口结构转变、性别角色变化与家庭问题的凸显、劳动力市场的新变化和福利民营化。随着中国经济新常态的到来，经济重心从制造业向服务业逐渐转移，后工业化社会的特征也渐次显现，如第三产业占比超过第二产业、大量人口从事服务业等。而人口结构的转变尤其是快速老龄化而导致的社会照顾需求增加、儿童养育成本过度家庭化等问题也与妇女大规模就业之间产生了尖锐的矛盾。这些风险与旧社会风险交织在一起使社会问题的解决变得更加复杂，要求社会政策的有效应对。目前来看，新社会风险的压力主要体现在如何通过家庭政策有效解决现有妇女就业与儿童照料、老年人照料之间的矛盾；如何通过就业政策促进合理就业、推动劳动力市场发展；如何在公私合作的浪潮中，提高政府治理能力等问题。

二、社会政策发展正在进入一个新的历史时期

目前，社会政策改革的重心正在从“全覆盖”和“保基本”向统筹与可持续发展转变，“公平性”与“可持续性”成为改革的焦点与难点。

（一）从“全覆盖”向城乡统筹与整体性发展转变

截至2016年7月，我国养老保险的参保人数已达到8.64亿，养老保险覆盖

率已超过85%。包含了职工医保、居民医保和新农合在内的社会基本医疗保险的覆盖面已经达到13亿。从这两项基本数据来看，一些重要社会政策的覆盖工作完成较好，扩面将不再是主要难点，随之而来的则是内部公平问题的凸显，如城乡差距、地区差距、行业差距等，有关“同城同待遇”“同地同待遇”的呼声越来越高。2014年，城乡居民养老保险合并，城镇职工养老保险和居民养老保险制度开始衔接，机关和事业单位养老保险破冰。2016年，城乡居民基本医疗保险制度全面整合。建立一个全国统一的，增强公平性、适应流动性的社会政策体系成为改革的重点，这将迫使原有的社会政策运作机制提升至一个更高的水平。

（二）从“保基本”向稳增长与可持续发展转变

“保基本、兜底线”是适应中国社会主义初级阶段的基本特点、基于社会事业发展的基本现实而提出的改革原则。但随着人民生活水平的提高，高水平、个性化的福利需求开始显现，老百姓不仅希望“有”，而且希望“一直有”，且最好“不断增加”，因此仅仅关注保基本已无法满足公众的需求。此外，社会保障待遇水平的逐年提升也使得可持续发展的问题日益凸显，特别是在人口老龄化、家庭小型化和医疗费用不断上涨的形势下，制度可持续发展的压力巨大。2013年全国有225个统筹地区的城镇职工医疗保险统筹基金出现当期收不抵支，城镇居民医疗保险基金当期收不抵支的统筹地区达到108个，有19个省级统筹单位当期养老金出现收不抵支。2015年年底，关于职工医保退休人员可能缴费的新闻引起社会广泛热议，从侧面反映了医疗保险基金可能正在面临入不敷出的严峻问题，而近几年有关养老保险基金的保值、增值问题更是各界对“可持续发展”问题关注的集中体现。

以“保基本”和“全覆盖”为重点的时期主要是改革开放初期一直到党的十八大以前的这一阶段，其政策重点是解决在从传统国家保障向社会保障过渡时，大量人口被社会保障体系抛出的问题。但随着社会保障体系的不断健全，尤其是党的十六大以来政府的不断努力，这些问题已得到有效缓解，随之而来的则是公平性与可持续发展问题。如果说早期社会政策改革是帕累托改进式的话，今后一段时间的改革将更多地涉及不同群体之间的利益调整问题，帕累托改进的空间已非常小，单纯依靠财政投入和政策覆盖已无法应对，社会政策改革需寻求新的撬动点。

面对新的压力和问题，提前谋划可为社会政策的有效应对赢得充足的空间，而社会政策本身发展的趋势也要求必须改变以往相对保守的政策模式，代之以更具发展性和前瞻性的政策取向，该政策取向必须有效回应以下几个问题：一是处理好福利增长与经济增速放缓之间的关系，即社会政策与经济政策之间的关系；二是把握好国家责任与市场责任、社会责任和家庭责任之间的关系，即政府"度"的问题；三是协调好中央和地方之间的关系，以应对制度统筹层次提高、地区城乡差异缩小等问题；四是调整好"兜底线"与"促公平"间的关系，重新发现社会政策的发展功能。

三、社会政策改革应关注结构性的调整

社会政策的"结构"可以从两个层面来理解。从外部结构来讲，它指的是社会政策在整个政策体系中所处的结构性地位，主要指的是它与其他政策尤其是经济政策之间的关系；从内部结构来讲，指的则是社会政策的内部供给结构和具体的政策构成，前者指的是社会政策在纵向（中央和地方）和横向（国家、市场、社会和家庭等非正式组织）两个层面的供给结构，后者则指的是各项具体政策之间的结构性关系。

（一）重新认识并调整社会政策与经济政策之间的关系

有关社会政策与经济政策的关系，有三种常见的误解：一是认为社会政策与经济政策之间是矛盾的，认为福利不仅需要大量的财政投入，还会抑制人的劳动积极性、影响企业投资，进而抑制经济发展。历史上每一次大规模的经济危机都会带来全球范围内的福利缩减，原因即在于此；二是认为社会政策滞后于经济政

策的发展，认为社会发展是经济发展以后的次要任务，是经济发展后可以自然达到的状态，“渗漏效应”即是这一观点的集中体现。这一观点认为，政府在经济发展的过程中不需要给予贫困阶层、弱势群体或地区以特别优待，优先发展起来的阶层和地区可以通过就业和消费拉动等方式逐渐惠及其他阶层和地区，实现共同富裕；三是认为社会政策是经济政策的配套措施，社会政策应服务于经济政策的需要。中国改革开放初期的社会保障改革即是为了配合国有企业改革而开展的。以上三种观点由于忽视社会政策的发展功能，没有将社会政策提到与经济政策同等重要的位置，导致社会政策改革不仅被动滞后，而且与其他改革缺乏协同性。尽管党的十六大以来，社会政策大量频繁出台，有学者认为“社会政策时代”正在来临，但社会政策依然是孤立运转，与经济政策之间的整合与协同关系一直未被充分重视，这就极大地影响了社会政策功能的发挥。

随着新常态的来临，社会政策的发展可能会受到影响，特别是如果坚持以上三种误解的话，将可能会导致社会政策的压缩。所幸的是，政府屡次强调“民生支出是刚性的”，同时指出了增加公共产品和服务供给既能“补短板、惠民生”，也有利于“扩需求、促发展”的观点，实际上点出了社会政策对经济政策的长期促进作用。有鉴于此，未来社会政策的调整应是双向的：社会政策而言，它应紧密结合经济形势的变化，以促进经济和社会的共同发展为重点，围绕就业、教育培训、家庭功能重建等，进行长期的社会投资；就经济政策而言，它应改变以往以短期效率为目标的发展模式，更加注重长期发展和社会公平。需要指出的是，社会政策对经济发展有促进作用，这并不意味着社会政策应成为刺激国内需求的手段。以往改革经验中，每当经济衰退威胁国内 GDP 增长时，社会部门就被开放以刺激国内需求，如 1998 年高等教育改革的市场化和 2008 年金融危机后房地产市场的非理性发展，这种开放将产生进一步的分配不公和更加复杂的社会后遗症。

（二）进一步调整中央和地方的责权关系

对社会政策来说，中央和地方之间的财权和事权划分是影响改革的重要因素，特别是随着各项制度的并轨、衔接和统筹层次的提高，社会福利供给的地区分割、城乡分化问题亟须得到解决，社会保险的可携带性和流动性也需进行整体设计，而解决这些问题必须对中央和地方的社会福利责任进行重新划分，以调动地方的积极性。从目前来看，中央与地方之间在财政收入与支出结构方面是严重失衡的，2014 年中央财政支出占政府财政支出的比重为 14.9%，地方为 85.1%；中央财政收入占政府财政收入的比重为 45.9%，地方为 54.1%，事权与支出责任不相匹配是主要症结。

未来事权与支出责任相适应的改革，重点围绕两个方面：一个是中央和地方的收入划分；另一个是各级政府间事权与支出责任的划分。前者涉及税收的重新划分，后者则涉及对公共服务事权的进一步明晰。

（三）进一步调整国家、市场、社会和家庭之间的责权关系

国家角色的转变以及由此而引发的各不同福利主体之间的责权关系一直是社会政策改革的核心内容。不管是计划经济时期国家垄断式的社会福利，还是改革开放以后市场化的社会福利，乃至党的十六大以来国家积极干预式的社会福利，无不以国家责任的收放与市场、社会和家庭责任的再平衡为重要内容。面对新常态、新风险的来临与国家治理现代化的要求，政府亟须改变“包揽”思维和“家长”作风，注重更加精细化的协作与管理，引导并支持市场和社会组织参与到福利服务的供给当中，并重新定位家庭的角色和地位，构建一个更具生长潜力的多元化的福利体系。

责权关系的调整将引发至少以下三方面的改革：一是政社合作的深入推进，市场和社会组织将深度参与到社会政策的各个环节；二是政府治理能力的提升。由于参与主体的多元化和参与环节的复杂化，政府需要更强的管理能力；三是重建家庭。重视家庭支持型社会政策的构建，保护家庭的养育、赡养等功能。

（四）进一步重视社会政策的发展功能

社会政策体系是一系列政策的集合体，从最基础的救助政策到更具发展性的

就业、教育等政策，既有保基本，也有促发展。长期以来，社会救助、社会保障等“兜底线”政策被视为整个社会政策改革的核心，这与我国社会事业发展水平和社会经济形势密不可分。但是随着最近十几年的发展，兜底线已远远不能满足公众的福利需求，而社会形势的进一步发展也要求社会政策更加关注长期的社会规划与社会投资。未来一段时间，社会政策体系应注重“两条腿”走路，一方面更加注重兜底线、保基本，特别是在扶贫攻坚的决胜阶段；但另一方面，也要注重促发展、促公平，注重内生动力与可持续发展能力的培育，更加注重就业、教育等政策的调整。

四、社会政策改革的“发展导向”

资源有限性与福利增长之间的矛盾越来越突出，制度整合与可持续发展的压力与日俱增，单纯依靠财政投入缓解压力的空间已变得很小，而加重税收或降低社会福利金额则更不可能，一些新的适应性调整开始出现，如延迟退休、提高生育力、公私合作等。但是这些还远远不够，为了应对更长期的经济社会转型，社会政策应变得更有弹性、更加积极。积极的社会政策是一种有效的社会投资，具有与经济政策同样的“发展”功能，它对人力资本进行投资、倡导自下而上的参与，重视对家庭的支持等。

（一）以就业为中心的工作导向

经济新常态及由此而导致的一系列变化将是社会政策首要面对的问题，未来社会政策的调整将更多地考虑经济状况，如积极适应劳动力市场新变化、鼓励并保护就业、降低福利依赖、激发内生动力、让渡空间给私人部门等。因此，以下调整将不可避免会出现：

一是直接促进就业。从劳动者的角度入手，改革应更加重视就业政策和教育培训政策的调整与完善，加大就业培训的力度，加大对就业创业的扶持，特别是对困难就业群体的帮扶；从就业环境的角度入手，改革应重视一些新兴产业的发展，如养老服务业、社区服务业等；从改善就业质量的角度，社会政策应重视对劳动者权益的保护，重视收入分配的调整、劳动关系的协调、职工福利的保障等。二是工作导向的社会政策改革。如通过进一步降低社保费率，减轻企业负担，从而保障就业；或是将社会福利给付与就业或提高受益人群的能力等目标相挂钩，设定受益条件，从而降低福利依赖、激发服务对象内生动力，实现更加精准的目标定位。

（二）以公私合作为重心的多元化导向

无论是出于财政的压力还是政府职能转变的内在要求，抑或是公众对个性化高质量的服务模式的期待，未来社会福利的供给模式将更加精巧化，更注重效率。

多元化导向的政策改革将改变简单的政府“包揽”式的福利改革做法，代之以政府“激发”式的改革导向，鼓励、支持市场组织、社会组织乃至家庭参与到社会福利的供给体系当中来，通过购买服务、资助或补贴等方式，重新发掘和复兴一些社会主体的积极角色。可以预见，更为广泛和深入的公私合作将在社会政策的各个领域与服务供给的各个链条中出现，不同治理模式之间的交叉与混合也将增多，如社会服务领域引入竞争，经济领域引入行业自律等。另外，复杂的治理模式呼唤更高的治理能力，政府需面对比以往更加多元的合作伙伴关系，并处理由此而产生的高度复杂性和不确定性，而这些对已习惯于垄断式提供服务的政府来说几乎是毫无经验的，提高政府的网络治理或整体治理能力迫在眉睫。

（三）适应家庭变迁的政策调整

在福利供给体系中，家庭是重要的主体之一，基于家庭功能的变化，社会政策通常会有相应调整，而社会政策的变动，也有“挤出”或“重塑”家庭功能的作用。计划经济时期，社会政策的模式是基于“单位”保障而实现的，“单位”保障使得家庭可以在夫妻双方共同就业的情况下依然能正常发挥其福利功能，如赡养和养育。但是随着单位体制的瓦解、人口老龄化和少子化问题的加剧，家庭议题开始凸显，由此导致女性就业率下降，双职工家庭减少，各种留守家庭、单亲家庭、空巢家庭等开始增多，家庭功能在日益萎缩。在这种情况下，社会政策需要因应家庭变迁而做出适当调整。

变化的方向首先是以促进家庭整合与重塑家庭功能为目标的，具体的调整将会体现在更加灵活和弹性的就业制度、更加完善的家庭补贴如护理补贴制度，以及加大对就业者供养家庭的政策支持等。

（四）适应制度整合的政策调整

以制度整合为重心的政策调整也将不可避免地出现，这不仅是出于节省行政成本的需要，更多的是精准定位、制度统筹与可持续发展的要求。我们已看到了养老保险、医疗保险的制度整合，而在刚刚打响的脱贫攻坚战役中，各类政策的整合要求也非常明显。制度整合的最大压力来自中央与地方财权与事权的不匹配。面临新一轮制度整合的要求，央地之间的财权关系和事权关系将有望获得新的调整，但不可否认的是冲突和利益博弈也将异常激烈。

五、总结

改革开放初期，中国社会政策改革是过度市场化的，这一趋势在党的十六大以来的改革中得到了一定程度的扭转，这种扭转与执政理念的发展和财政实力的提高密切相关，但问题却远未解决。尽管一些重要的与就业相连的社会保障制度获得了长足的进展，但公平性与可持续问题却暴露得更加明显，其中医疗、教育和住房改革中的分配平等问题尤为突出，这些问题随着财政收入的日益紧缩变得愈发缺少调整的空间。新的压力与积聚已久的顽疾持续发酵，将诱发进一步的深度调整，这些调整将涉及新的国家与社会关系的构建、经济政策与社会政策关系的调整和央地关系的重构，但显然这些调整并不容易，改革依然是循序渐进的。

从最紧迫的压力上来看，社会政策首要调整的将是以就业为中心的，其次则是供给方式的改革即多元化，而适应家庭变迁与制度整合的调整将会面临一些观念和体制上的障碍，但从长期发展的角度上来说则是必需的，它将会使社会政策变得更加积极与主动。总体而言，社会政策应该与其他重要的改革政策一起去面临今天的结构性困境，而不仅仅是去“抚平”经济发展所产生的伤痕。

参考文献

［1］［丹麦］考斯塔·艾斯平－安德森，郑秉文译．福利资本主义的三个世界［M］．法律出版社，2003.

［2］［法］卢梭，何兆武译．社会契约论［M］．商务印书馆．2003.

［3］［美］E.S·萨瓦斯，周志忍等译．民营化与公私部门的合作伙伴关系［M］．中国人民大学出版社，2002.

［4］［美］艾伦·沃尔夫，沈汉等译．合法性的限度：当代资本主义的政治矛盾［M］．商务印书馆出版社，2005.

［5］［美］莱斯特，M·萨拉蒙，田凯译．公共服务中的伙伴［M］．商务印书馆，2008.

［6］［美］西达·斯考切波．国家与社会革命［M］．上海人民出版社，2007.

［7］［英］安东尼·哈尔，詹姆斯·梅志里，罗敏等译．发展型社会政策［M］．社会科学文献出版社，2006.

［8］［英］安东尼·吉登斯，李惠斌，杨雪冬译．超越左与右：激进政治的未来［M］．社会科学文献出版社，2003.

［9］［英］安东尼·吉登斯，周戈译．第三条道路：社会民主主义的复兴［M］．北京大学出版社，2000.

［10］［英］贝特兰·罗素．权威与个人［M］．中国社会科学出版社，

1998：26－27.

［11］［英］福克纳，塔劳斯，袁峰译．国家在社会政策中的角色［J］．现代外国哲学社会科学文摘，1995（6）．

［12］ ［英］霍布斯，黎思复，黎廷弼译．利维坦［M］．商务印书馆，1985.

［13］［英］洛克·叶启芳，瞿菊农译．政府论（下篇）［M］．商务印书馆，1964.

［14］［美］莱斯特·M·萨拉蒙，田凯译．公共服务中的伙伴［M］．商务印书馆，2008.

［15］［英］朱利安·勒·格兰德．韩波译．另一只无形的手：通过选择与竞争提升公共服务［M］．新华出版社，2010.

［16］毕天云．福利文化引论［J］．云南师范大学学报，2005（5）．

［17］陈兵．论政府在社会保障中的责任［J］．劳动保障世界，2012（11）．

［18］陈国营．公共服务体制改革与实：施管办分离的路径选择［J］．兰州学刊，2009（11）．

［19］陈良瑾，唐钧．建立有中国特色的社会福利制度［J］．学术研究，1992（3）．

［20］陈树文．社会保障中基本主体的责任分析［J］．科研管理，2003（1）．

［21］陈毅．建国六十年来中国政府责任的变化与展望［J］．中南大学学报（社会科学版），2010（6）．

［22］陈振明．政府能力建设与好政府的达成［J］．管理世界，2003（8）．

［23］段春玉，石伟红．我国社会保障体系建设中的政府职能界定［J］．社会保障制度，2000（4）．

［24］段春玉．我国社会保障体系建设中的政府职能界定［J］．财经问题研究，1999（12）．

[25] 范斌．福利社会学［M］．社会科学文献出版社，2006.

[26] 费孝通．乡土中国［M］．上海世纪出版集团，2007.

[27] 关于鼓楼区 2011 年财政预算执行和其他财政收支情况的审计工作报告［EB/OL］. http：//www. njgl. gov. cn/art/2012/10/22/art_ 27_ 1205927. html.

[28] 郭永瑾．公私合作模式在我国公立医院投资建设领域中应用的探讨［J］．中华医院管理杂志，2005（21）.

[29] 国家统计局编．中国统计年鉴 1981 年［Z］．中国统计出版社，1982.

[30] 国务院办公厅. 2011 年公立医院改革试点工作安排［Z］. 2011 -2 -28.

[31] 黄二丹，李卫平．“管办分开”以强化政府职能——析无锡市公立医院治理改革［J］．卫生经济研究，2010（7）.

[32] 黄二丹，赵雯．公私合作的私营部门回报方式及其在医疗行业应用的分析［J］．卫生经济研究，2010（10）.

[33] 黄黎若莲，唐钧等译．中国社会主义的社会福利．民政福利研究［M］．中国社会科学出版社，1995：219 -220.

[34] 黄晓勇，蔡礼强．中国民间组织发展的现状、特点与趋势前瞻［A］．载黄晓勇．中国民间组织报告（2010 - 2011）［C］．社会科学文献出版社，2011：1 -46.

[35] 贾康，孙洁．公私伙伴关系 PPP 的概念、起源、特征与功能［J］．财政研究，2009（10）.

[36] 金海和．社会保障与政府责任［J］．中国行政管理，2010（3）.

[37] 景天魁，毕天云．从小福利迈向大福利：中国特色福利制度的新阶段［J］. 理论前沿，2009（11）.

[38] 康晓光．转型时期的中国社团［J］．中国青年科技，1999（3）

[39] 李强．国家能力与国家权力的悖论［A］．张静．国家与社会［C］．浙江人民出版社，1998：7 -23.

[40] 李强．“丁字型”社会结构与“结构紧张”［J］．社会学研究，2005（2）.

［41］林卡，陈梦雅．社会政策的理论和研究范式［M］．中国劳动社会保障出版，2008.

［42］林尚立．民主的成长：从个体自主到社会公平［A］．陈明明．权利、责任与国家（复旦政治学评论，第 4 辑）［C］．上海人民出版社，2006：375－376.

［43］林万亿．台湾的社会福利：民间观点［M］．五南图书出版公司，1995.

［44］马秋莎．全球化、国际非政府组织与中国民间组织的发展［J］．开放时代，2006（2）.

［45］民间组织历年统计数据［DB/OL］．http：//www. chinanpo. gov. cn/web/listTitle. do？dictionid＝2201.

［46］彭华民，宋祥秀．嵌入社会框架的社会福利模式：理论与政策反思［J］．社会，2006（6）.

［47］彭华民．论需要为本的中国社会福利转型的目标定位［J］．南开学报（哲学社会科学版），2010（4）.

［48］彭华民．西方社会福利理论前沿［M］．中国社会出版社，2009.

［49］彭华民．中国政府社会福利责任理论范式演变与制度转型创新［J］．天津社会科学，2012（6）.

［50］彭华民．中国组合式普惠型社会福利制度的构建［J］．学术月刊，2011（10）.

［51］商红日．国家与政府：概念的再界定［J］．北方论丛，2001（3）.

［52］尚晓援．从国家福利到多元福利：南京市和兰州市社会福利服务的案例研究［J］．清华大学学报（哲学社会科学版），2001（4）.

［53］沈原，孙五三．制度的“形同质异”与社会团体的发育：以中国青基会及其对外交往活动为例［A］．中国青少年发展基金会编．处于十字路口的中国社团［C］．天津人民出版社，2000.

［54］苏明，贾西津，孙洁，韩俊魁．中国政府购买公共服务研究［J］．财

政研究，2010（1）.

[55] 田凯.组织外形化：非协调约束下的组织运作 [J].社会学研究，2004（4）.

[56] 王灏.PPP 的定义与分类研究 [J].都市轨道交通，2004（5）.

[57] 王名，贾西津.中国非营利组织：定义、发展与政策建议 [A].范丽珠主编.全球化下的社会变迁与非政府组织 [C].上海人民出版社，2003：262－286.

[58] 王浦劬，[美] 莱斯特·M·萨拉蒙等.政府向社会组织购买公共服务研究：中国与全球经验分析 [M].北京大学出版社，2010.

[59] 王绍光，胡鞍钢.中国国家能力报告 [M].辽宁人民出版社，1993.

[60] 王绍光.金钱与自主——市民社会面临的两难境地 [J].开放时代，2002（3）.

[61] 王守清，刘云.PPP 和特许经营等相关概念 [J].环境界，2014：25（1）.

[62] 王思斌.断裂与弥合：社会转型与保障制度建设 [J].中国行政管理，2003（9）.

[63] 王思斌.社会政策时代与政府社会政策能力建设 [J].中国社会科学，2004（6）.

[64] 王思斌.我国适度普惠型社会福利制度的构建 [J].北京大学学报（哲学社会科学版），2009（3）.

[65] 王思斌.中国社会的求—助关系：制度与文化的视角 [J].社会学研究，2001（4）.

[66] 王颖，折晓叶，孙炳耀.社会中间层：改革与中国的社团组织 [M].中国发展出版社，1993.

[67] 卫生部等.关于印发公立医院改革试点工作安排的通知（卫医管发 [2010] 20 号）[Z].

[68] 吴建荣，申利民.在体制创新中奋进的上海罗山市民会馆[EB/OL].

http：//www. chinasocialpolicy. org/Page_ Show. asp？ Page_ ID =242.

［69］谢立中．结构—制度分析，还是过程—事件分析？——从多元话语分析的视角看［J］．中国农业大学学报，2007（4）．

［70］熊跃根．国家力量、社会结构与文化传统［J］．江苏社会科学，2007（4）．

［71］熊跃根．论转型时期我国福利体制的改革与社会政策的发展［J］．学习与实践，2010（1）．

［72］严忠勤．当代中国的职工工资福利和社会保险［M］．中国社会科学出版社，1987.

［73］杨方方．从缺位到归位：中国转型期社会保险中的政府责任［M］．商务印书馆，2006.

［74］杨方方．中国社会保障中的政府责任研究述评［J］．社会保障制度，2005（1）．

［75］杨方方．中国转型期社会保障中的政府责任［J］．中国软科学，2004（8）．

［76］杨宏山．论政府在公共服务领域的底线责任［J］．学习与实践，2007（5）．

［77］杨团．社会政策也是一种生产力［N］．北京日报，2009 -8 -10.

［78］于晓虹，李姿姿．当代中国社团官民二重性的制度分析［J］．开放时代，2001（9）．

［79］袁岳，张慧，姜健健.2013 年中国城市居民生活质量指数报告［A］．李培林等.2014 年中国社会形势分析与预测［C］．社会科学文献出版社，2013.

［80］岳经纶．和谐社会与政府职能转变：社会政策的视角［J］．武汉大学学报，2007（3）．

［81］张静．基层政权：乡村制度诸问题［M］．杭州人民出版社，2000.

［82］张丽霞，丁安祥．破解独居老人养老难题［N］．中国社会报，2004 -5 -13.

［83］张学泰．福利国家社会福利服务“民营化”探讨（网络版）．

［84］张勇，杨光斌．国家自主性理论的发展脉络［J］．教学与研究，2010（5）．

［85］张玉玲，叶萍．合作式社工组织管理模式个案研究：以“广州逢源人家社会服务中心”为例［J］．学会，2012（11）．

［86］郑秉文．美国非福利国家但社保模式适合中国学［EB/OL］．http：//news. sohu. com/20090924/n266971817_ 2. shtml.

［87］郑秉文．试论东亚地区福利国家的“国家中心主义”特征［J］，中国社会科学院研究生院学报．2002（2）．

［88］郑秉文．中国社会保障制度60年［J］．中国社会科学，2005（5）．

［89］周沛．福利国家和国家福利［J］．社会科学战线，2008（2）．

［90］Blakemore，Ken. Social Policy：An Introduction. New York：Open University Press. 2003.

［91］Chow，N. W. S. Social Welfare in China. In D. Elliott，N. Mayadas & T. Watts（Eds.）The World of Social Welfare：Social Welfare and Services in an International Context（pp. 219 –231）. Springfield：Charles C. Thomas. 1990.

［92］Evers，A. Shifts in the Welfare Mix：Introducing a New Approach for the Study of Transformations in Welfare and Social Policy. In A. Evers& H. Wintersberge（Eds.），Shifts in the Welfare Mix：Their Impact on Work，Social Services and Welfare Policies. Frankfurt：Westview Press. 1990，pp. 7 –30.

［93］Flora，P. & Alber，J. Modernization，Democratization and the Development of Welfare State in Western Europe. In Flora，P. and Heidenheimer，A. J. eds. The Development of Welfare State In Europe and America. New Jersey：Transaction Books. 1981，pp. 37 –80，p. 41.

［94］Freedman，M. The Study of Chinese Society：Essays selected by Skinner. G. W. Stanford：Stanford University Press. 1979.

［95］George，V. & Wilding，P. Welfare and Ideology. London：Harvester

Wheatsheaf.

[96] Gilbert, N. Welfare Pluralism and Social Policy. In J. Mideley & M. B. Tracy (Eds.), The Handbook of Social Policy. Thousand Oaks: Sage Publications Inc. 2000, pp. 411 – 420.

[97] Harold L. Wilensky & C. N. Lebeaux. Industrial Society and Social Welfare: the Impact of Industrialization on the Supply and Organization of Social Welfare Services in the United States. New York: The Free Press. 1965.

[98] Jonson, N. The Privatization of Welfare. Social Policy & Administration. 1989 (1): 17 – 30.

[99] Kenneth Dyson. The State Tradition in Western Europe: A Study of an Idea and Institution. Oxford: Martin Robertson. 1980.

[100] Le Grand, J. & Robinson, R. Privatisation and the Welfare State: An Introduction. In J. Le Grand & R. Robinson eds. Privatization and the Welfare State. London: Allen and Unwin. 1984, pp. 1 – 14.

[101] Lester M. Salamon. Of Market Failure, Voluntary Failure, and Third – Party Government: Toward a Theory of Government – Nonprofit Relations in the Modern Welfare State. Nonprofit and Voluntary Sector Quarterly. 1987, 16 (1 – 2): 29 – 49.

[102] Mok, Ka – Ho. Education Policy Reform. In L. Wong & N. Flynn (Eds.), The Market in Chinese Social Policy (pp. 88 – 111). New York: Palgrave. 2001.

[103] Philion, S. Chinese Welfare State Regimes. Journal of Contemporary Asia. 1998, Vol. 28.

[104] Rose, R. Common Goals but Different Roles: The State's Contribution to the Welfare Mix. In R. Rose & R. Shiratori (Eds.), The Welfare State East and West. New York: Oxford University Press. 1986, pp. 13 – 39.

[105] Skocpol, T. State Formation and Social Policy in the United States. American Behavioral Scientist. 1992, Vol. 35, Issue 4/5.

[106] Titmuss, R. M. Social Policy: An Introduction. London: Allen & Unwin, 1974.

[107] Weir, M. Orloff, A. S., Skocpol, T. Understanding American Social Politics. In Goodin, R. E. and Mitchell, D. eds. The Foundations of the Welfare State (Volume 2). Cheltenham, UK; Northampton, MA: Edward Elgar Pub. 2000. pp. 228 – 252.

[108] Wong, L. Marginalization and Social Welfare in China. London: Routledge. 1998.

[109] Wong, L. Privatization of Social Welfare in Post – Mao China. Asian Survey, 1994, 34 (4): 307 – 325.

致　　谢

本书得以付梓，首先，感谢我的工作单位——国家行政学院所给予的科研出版资助。资助的意义不仅是资金上的支持和对学术研究价值的肯定，更重要的是一种无时不在的鞭策。假如没有它，我的“拖延症”可能会导致这一研究进展极其缓慢，甚至会无疾而终。所以，感谢科研部的同仁们对我的支持与理解，感谢出版社的编辑老师们能在极短的时间内完成对本书的校对和编辑，弥补我的各种纰漏。当然，文责依然自负。

其次，感谢我的同事们，本书的许多想法得益于和他们的讨论，他们对我的宽容、肯定与帮助使我日渐成熟。感谢我的学员，他们在课堂上的每一次讨论、每一次提问都是我研究的绝佳素材。特别感谢自己进入学院以来这八年的工作经历，它使我一脚跨入政府工作的实践世界，一脚还能留在“象牙塔”般的学术世界。干部培训的乐趣在于世人所叹的“公门里面好修行”，使我觉得每一次上课都是有价值的；而苦涩则在于永远在路上追赶，较少有时间思考。正所谓有所得，有所失，甘苦自知。

最后，感谢我的爱人和孩子，感谢他们最纯真的陪伴，给我以前所未有的安全感。